LE GUIDE DE L'EMMERDEUR

Thierry Crosson, trente ans, et Jean-Christophe Florentin, vingt-huit ans, publicitaires et journalistes, cultivent l'impertinence avec des reportages « clés en main » conçus aussi bien pour la presse écrite *(Lui, L'Echo des Savanes, Paris Match, Penthouse...)* que pour la télévision.

THIERRY CROSSON
JEAN-CHRISTOPHE FLORENTIN

Le Guide de l'emmerdeur

FILIPACCHI

A Henri Krasucki,
notre maître à tous.

AVERTISSEMENT DES AUTEURS

Malgré la véracité des textes de loi présentés, les situations et les personnages mis en scène dans le présent ouvrage sont de pure fiction et toute ressemblance ou similitude avec des faits ou des personnes existants ou ayant existé ne serait qu'un mauvais coup du sort.

AVANT-PROPOS

« EMMERDER : ennuyer fortement. »

Larousse

19-11-1986. 7 heures 14. Paris XIXe. Temps maussade. Fido adore se promener tôt le matin dans les rues de Paris. Il aime plus précisément marquer son territoire au moyen d'un superbe excrément judicieusement placé sur le macadam-frontière. Jeune bâtard noble et fier, né des amours illicites d'un bouledogue des Pyrénées et d'une teckel à poil ras, Fido, l'œil amusé, ne sait pas encore que son comportement le fera entrer dans l'histoire de la littérature...

19-11-1986. 7 heures 15. Paris XIXe, rue de Belleville. « Sacré bâtard, va ! » s'exclame excédée Madame Germaine Fichut, concierge locale, avant de poursuivre en hurlant : « Tous des emmerdeurs ! »

Cette citation qui ne devrait pas tarder à rejoindre celles des philosophes du XIXe (siècle), illustre bien l'état d'esprit de nos contemporains vis-à-vis d'un amusant passe-temps qui devrait devenir, grâce à la pertinence de cet ouvrage, un sport national : emmerder son monde.

Jusqu'à maintenant, nos contemporains ne s'emmerdaient pas mutuellement d'une façon rigoureuse et stratégique. À l'image de Fido :

1) Ça partait dans tous les sens.

2) Tout ceci manquait tragiquement d'efficacité.

3) Quant à cet abruti de Fido, la truffe fraîche, le poil luisant et la joie de vivre caractérisant les imbéciles heureux, il s'en est allé, la queue basse, ne sachant pas lui-même l'importance de son acte rapport au destin du précieux guide que vous avez entre les mains.

Force est de constater que, de nos jours, le lumpenprolétariat (le très commun des mortels) souffre profondément des attaques pernicieuses de divers emmerdeurs patentés : de chez Mimile, épicier notoire de la rue de la Grande-Truanderie, jusqu'à ce très chic Hôtel des impôts de l'ouest parisien commandé de main de maître par l'implacable Hivalent Paul, surnommé « l'Himmler de la Muette », dont les sacrifiés se comptent par milliers. Bref, il devient impossible de recenser les coups bas dont nos pauvres concitoyens sont continuellement les victimes, sous peine d'être un jour contraints de construire une tour de Babel dans le seul but d'y entreposer leurs doléances.

Face à ce triste manège, les auteurs ont décidé de réagir en concevant cette sanglante riposte qu'est le *Guide de l'emmerdeur*, authentique Livre Sacré s'il en est, que vous feuilletez respectueusement du bout de vos doigts fébriles. « Nul n'est censé ignorer la loi », comme disait Jacques Mesrine en vidant son chargeur sur un garde forestier canadien qu'il devait confondre vraisemblablement avec Joe Grigoux, redoutable voleur de poules écumant la région. « Nul n'est censé ignorer la loi » donc, mais il est bien évident qu'exceptés quelques pervers insomniaques, nous préférons tous nous repaître de l'émotion intense qui transpire des pages de la collection Harlequin, plutôt que de la prose sulfureuse, torride et érotique du Code civil. Donc, partant du postulat que les Code civil et Code pénal ne peuvent rivaliser avec les fantasmagories de Gérard de Villiers (« Anna Salopina, cette espionne en chaleur, les fesses moulées dans une combinaison de plongeuse ouverte sur le pubis, braque le canon humide de son Turbo-Flingow en direction de Malko qui, ne se démontant pas, entreprend d'embrasser la blonde Soviétique dont les seins fermes ont maintenant jailli du caoutchouc luisant. La ruse fonctionne à merveille car Malko en profite pour sortir de son slip camouflage un gros Magnum 987 dont il appuie l'embout froid et dur contre la tempe de la vermine moscovite, à présent totalement nue. Orgasme. SAS tire un deuxième coup, celui-ci fatal à l'employée du Kremlin dont la cervelle est désormais collée au plafond. Malko se rhabille dans un océan de sang, puis part exterminer les valets du gouvernement guatémaltèque »), le présent ouvrage a pour ambition de rendre la substantifique moelle de la loi aussi attrayante que *Les Folles Aventures de Jack Brakmard au pays des Amazones*. Bien que Dame Nature ait peut-être gratifié un certain nombre de bipèdes des gènes bénéfiques qui transforment tout individu, au premier abord doux comme un agneau, en parfait emmerdeur irascible et carnassier, il convient néanmoins, afin d'appliquer le plus efficacement possible les recettes révélées dans ce guide, de posséder les indispensables qualités suivantes :

1) Être entièrement dépourvu de sensibilité.

Comment pouvez-vous prétendre exercer votre nouveau pouvoir d'emmerdeur si, face aux gémissements de la veuve et de l'orphelin, vous produisez continuellement un liquide salé, produit par deux glandes situées sous les paupières, humectant la conjonctive pour pénétrer dans les fosses nasales par les caroncules lacrymales (crise de larmes). Sachez que derrière tout charcutier miséreux et implorant se cache peut-être un odieux tortionnaire, usant et abusant de sa position, qui ne doit pas vous apitoyer au point de vous dissuader de faire valoir vos droits.

2) Être tout à fait culotté.

Face à des individus aussi diaboliquement intimidants que les bouchets, patrons de bistrot, chauffeurs de taxi, voisins méchants et autres monstruosités de la société de consommation, une seule seconde d'hésitation et le balbutiement équivaut à une victoire totale du Malin, en particulier quand vous êtes dans votre bon droit.

La meilleure des défenses ayant toujours été l'attaque, parlez avec aplomb, haut et fort, en parfaite connaissance de votre sujet, restez de marbre et la Bête en sera définitivement terrassée. Ignorez les regards réprobateurs qui ne manqueront pas de s'abattre sur vous. Offrez-vous un beau complexe de supériorité. Pensez simplement que vous incarnez à leurs yeux de bovidés mongoliens le fier héros des temps modernes qu'ils auraient toujours voulu être sans en avoir les capacités.

3) Être maniaque, curieux et tortueux.

Tout bon emmerdeur doit éprouver une certaine volupté à exhumer le texte de loi qui lui permettra d'assouvir sa passion en toute légitimité. Il en sera d'autant plus fier que son texte sera ancien et méconnu. Tel l'œnologue atteignant un quasi-orgasme et dénichant du fin fond de sa cave une bouteille de Mouton-Gigot 1938 très recherchée — quoique franchement infecte —, oubliée par son grand-père, parti précipitamment vers la Bolivie un certain jour de juin 1944, apprenant avec effroi l'invation des profanateurs anglo-américains en Normandie, notre virtuose emmerdophile recherchera sans cesse la matière qui alimentera son activité. À la manière de l'artificier modèle de la bande Baader-Meinhoff, ce godelureau d'Helmut Messerschmidt, qui stockait dans sa cuisine moult TNT, grenades, bâtons de dynamite, pains de plastic et autres savants mécanismes d'horlogerie et qui, en entreprenant de faire sauter de belles saucisses de Francfort, s'éclata une dernière fois avec sa cuisinière à gaz pour offrir un ultime feu d'artifice aux habitants du quartier, l'apprenti emmerdeur rassemblera jalousement, telle des munitions, toute prose juridique qui constituera son arsenal.

4) Concourir au titre du Pic de la Mirandole de la chose juridique.

Notre Rostropovitch de l'emmerdement public sera d'autant plus redoutable et redouté qu'il connaîtra sur le bout des doigts l'ensemble des textes, décrets et jurisprudence qui composent ce qu'il est convenu d'appeler « la loi ». Règle d'or : s'en servir toujours à bon escient. Partant du principe que « ce qui n'est pas interdit, est par conséquent autorisé », il utilisera avec ardeur, voire fébrilité, tous les vides juridiques qui l'autoriseront à emmerder encore plus de monde et cent fois mieux.

Bien évidemment, il serait difficile à tout candidat-emmerdeur d'assimiler l'intégralité des textes de loi. Seuls quelques vieux puristes de la chose y sont parvenus au prix d'une vie d'efforts égoïstement consacrée à cet art. En l'occurrence, il nous est nécessaire d'ingurgiter et de digérer les seuls textes susceptibles d'être utilisés dans l'exercice de notre vie quotidienne. Pourquoi un homme sensé et responsable comme Charles Hernu se donnerait-il la peine d'apprendre la réglementation maritime alors qu'il évite soigneusement d'approcher, de près ou de loin, tout objet flottant ? Fondamentalement, un emmerdeur doit posséder un esprit toujours en éveil, ruminant chaque situation avec grande application, jusqu'à ce qu'il en ait trouvé la faille, lui facilitant l'injection de son redoutable venin.

Maintenant, un peu d'anticipation : vous voilà devenu un parfait emmerdeur et fier de l'être. Ne vous étonnez donc pas de la crainte que vous inspirez auprès de votre entourage.

Certaines réflexions vont même fuser (syndrome *Challenger*) — « Tiens, v'là l'emmerdeur » —, votre présence provoquant immanquablement un mouvement de recul vers les toilettes.

Vous serez enfin respecté, au mépris de votre taille, de votre aspect physique et de votre force musculaire. Comme quoi la politique de la terreur n'est pas si bête. Robespierre l'avait bien compris. Cet infatigable dénicheur de talents (Danton, Desmoulins, Fabre d'Églantine, etc...), et ami des sciences, fut au mépris des histoires révisionnistes, le pygmalion de l'obscur Diafoirus des faubourgs, Joseph Ignace Guillotin. Bien avant de devenir la star incontestée de la place de la Révolution, disputant la vedette à Sanson le bourreau, celui qu'on appelait encore le bon docteur Guillotin occupait ses saintes journées à trancher des cous de poulets, ce qui fit dire, semblerait-il, à son épouse : « Joseph Ignace, ces gamineries vont te faire perdre la tête ! »

Les auteurs ont délibérément choisi d'abandonner le côté fastidieux et astreignant d'un guide classique.

C'est pour cette raison qu'ils ont préféré narrer la vie et l'œuvre d'Albert Le Pénible, authentique emmerdeur et cicérone de cet ouvrage, que Bernard Pivot ne pourra omettre de porter au pinacle sous peine de passer pour un footballeur auquel un chirurgien ivre aurait pratiqué une lobotomie.

Chapitre 1

OÙ, NON CONTENT DE SE PRÉSENTER SOUS UN MAUVAIS JOUR, LE PÉNIBLE TROUVE SPIRITUEL D'ÉCLABOUSSER L'INSTITUTION DU MARIAGE AU GRAND DAM DE PHILIPPINE DUGLANDIER

C'est vrai, je suis un emmerdeur fini, un emmerdeur viscéral et sadique.

Né le 23 janvier 1943 à Vichy, sous-préfecture de l'Allier et ancienne capitale de la France, j'étais pourtant un charmant bambin. Mes parents étaient fiers de mes bonnes joues rouges, de mon petit nez retroussé et de mon derrière dodu qui faisait l'admiration des voisines du quartier. J'ai même gagné, le 20 mai 44, le concours du plus beau bébé, organisé à l'hôtel du Parc, sous la bienveillante présidence du Maréchal. Des débuts prometteurs. Dès l'école, j'étais un élève modèle, toujours prompt à dénoncer ses petits camarades, ce qui me valait l'indulgence et la gratitude de mes professeurs. L'un d'eux m'avait même fait un jour cette aimable réflexion : « Bravo jeune Albert, c'est comme ça qu'on arrive dans la vie... » Pendant que l'informé Dubillard subissait une torgnole mémorable.

Nul en histoire-géo, passable en gymnastique, pas mauvais en lettres (dont nous verrons plus tard l'incidence), et franchement bon en mathématiques, j'étais déjà réputé pour mes à-propos embêtants. Scolarité somme toute banale, ponctuée toutefois d'événements cocasses. J'avais une vocation de gosse : devenir expert-comptable. J'admirais leur serviette de cuir, leur bureau gris et austère, leurs lunettes grasses, l'odeur de moisi qui suintait de leur cabinet de travail et, surtout, j'éprouvais une véritable passion pour l'assurance et l'air suffisant de ces messieurs.

Pour moi, Superman ne pouvait être qu'expert-comptable !

Quand ai-je pris conscience de ma nature d'emmerdeur ?

Franchement, assez tardivement. Ce fut paradoxalement à l'occasion de mon premier mariage, une belle journée de mai 64. Vichy était en fleur et l'eau coulait à flot. Selon la tradition de la bourgeoisie locale, ma dulcinée me fut imposée par mes parents pour des raisons essentiellement économiques.

Philippine, ma promise, héritière des bouteilles Duglandier, n'incarnait pas du tout à mes yeux les canons de la beauté. Sa face boutonneuse me faisait penser aux cratères lunaires, à tel point qu'à chaque baiser, je me prenais pour Gagarine.

Bête à faire peur à un troupeau d'animateurs TV, Philippine se targuait de connaître les cent mille façons de préparer la tarte renversée (à défaut d'une intelligence renversante) et vantait quotidiennement les mérites du *Modes et Travaux* de l'époque, magazine qui exerçait sur elle une influence diablement néfaste... J'en veux pour preuve les projets odieux qu'elle machinait à mon encontre : « Mon Albert chéri, je vais te tricoter un amour de pull ! »

Vous conviendrez qu'il m'était impossible d'épouser cette créature. C'est ainsi que j'ai consciemment démarré ma carrière d'emmerdeur.

Mon but était fort simple : invalider purement et simplement ce maudit mariage qui devait être prononcé le 12 mai de cette année.

Je découvrai, grâce à un ami qui me voulait du bien, que tout mariage prononcé n'était pas valable si la porte donnant accès à la salle de cérémonie était fermée. En effet, le Code civil stipule précisément **(article 165, loi du 21 juin 1907)** : « Un mariage sera célébré *publiquement* devant l'officier de l'état civil de la commune où l'un des époux aura son domicile... » En conséquence, le *vulgum quidam* devrait pouvoir assister à une cérémonie de mariage sans être contraint de tourner une simple poignée de porte. Fort de cette précieuse information, je me préparai gaiement à affronter cette célébration qui désormais ne m'intimidait plus du tout. J'échaffaudai donc, dans le plus grand secret, le plan suivant, que le grand Machiavel ne renierait point.

1) Contact fut pris avec Maître Corbeau, huissier très réputé pour son intégrité dans la région de Vichy. Me Corbeau s'enorgueillit encore d'avoir réussi voici quelques années à expulser, en plein hiver, la famille Tanenbaum, dont le chef de famille (une femme, un pépé et 6 enfants en bas âge) était un mauvais payeur notoire...

Je priai Me Corbeau de bien vouloir honorer de sa présence ladite cérémonie de mariage.

2) Contact fut pris avec Charles-Édouard, descendant d'une famille aristocratique passable-

ment ruinée, qui accepta volontiers mon invitation.

J'y mis toutefois une condition et non des moindres : j'expliquai à mon compère qu'il lui fallait arriver légèrement en retard afin de pouvoir fermer discrètement la porte de la salle des mariages derrière lui !

Le jour dit, je me dirigeai d'un pas décidé vers la mairie.

15 h 34 : en pénétrant dans la salle qui n'allait pas tarder à devenir la scène d'un fantastique coup de théâtre à faire pâlir ce bon Labiche, j'aperçus « ma » Philippine, toute de blanc vêtue, la jarretelle en bataille, manifestement excitée par l'hypothétique nuit de noces qu'elle s'apprêtait goulûment à vivre.

15 h 36 : Maître Corbeau, par l'odieux alléché, pénétra à son tour dans l'arène.

15 h 40 : début de la cérémonie. « Blablabla... la France... Blablabla... jeunes mariés... Blablabla... avenir de la France... Blabla... confiance mutuelle... Ronron... faites des enfants... Blablabla blabla... »

15 h 42 : notre bon Charles-Édouard débarqua discrètement, et, respectant notre pacte, referma silencieusement la lourde porte si importante à mes yeux.

15 h 43 : Maître Corbeau constata ce qu'il y avait à constater...

15 h 44 : Monsieur le maire déclama la fameuse phrase : « Blablabla, Mademoiselle Philippine Duglandier... Blablabla... prendre pour époux Monsieur Albert Le Pénible ?

— Oui !

— Blablabla... Vous déclare unis par les liens du... »

Je vous passe le champagne de mauvaise

qualité, l'inévitable migraine, sans même vous évoquer la nausée conséquente au banquet qui s'en suivit.

C'est à l'instant fatidique où ma tendre « épouse » m'enlaça publiquement en me susurrant dans l'oreille « Mon Bébert, quelle folle nuit de noces nous allons passer ! », que Maître Corbeau, l'œil malin et la truffe humide de champagne hurla un tonitruant : « Noooonnn !!! Mesdames et messieurs, je déclare ce mariage nul car n'ayant pas respecté les règles élémentaires s'appliquant en la matière. »

Charles-Édouard, Maître Corbeau et moi-même sommes partis fêter cette liberté retrouvée pendant que l'héritière des Duglandier mangeait furieusement sa jarretelle.

Tel fut, chers lecteurs, mon premier acte important d'emmerdeur. Méditez-le, votre entourage comprend peut-être une Philippine Duglandier en puissance ! Néanmoins, une parenthèse s'impose, qui ne nous fait pas quitter cet univers. Le passage qui suit étant d'un érotisme torride, en accord avec l'éditeur, je demande aux personnes sensibles de bien vouloir sauter (sans mauvais jeu de mots) ce passage pour rejoindre directement le chapitre suivant.

Vous n'êtes pas sans savoir, amis lecteurs, que tout mariage légalement célébré — et il en existe un certain nombre — doit être « consommé ». La loi ne stipulant pas un nombre minimum d'actes de « consommation », j'aurais très bien pu emmerder l'infortunée Duglandier d'une toute autre façon : en ne me dévouant qu'une seule fois, corps et âme (plutôt corps, d'ailleurs) à ma nouvelle épouse, j'aurais pu ainsi bouder le lit conjugal pendant des années sans que la pauvre Duglandier ne puisse annuler ledit mariage.

C'est en employant ce stratagème que certains individus peu scrupuleux ont réussi à empocher — et à garder — la dot de mégères repoussantes ; et c'est également ainsi que des femmes très malpropres (« Salopes », dixit le Larousse) ont plumé de braves pigeons qui pour le même prix n'ont même pas eu la satisfaction d'être baisés au moins deux fois.

Alors, apprentis emmerdeurs, avant de convoler, regardez bien où vous mettez les pieds (et le reste), exigez un échantillon des talents libidineux de votre futur(e) conjoint(e).

Cependant, je n'ai pas traité le cas de nos amis homosexuels car la législation du mariage ne s'applique pas encore à leur cas. Patience, et attendez la prochaine édition du *Guide de l'emmerdeur*.

Enfin, précisons qu'un mariage valide n'est pas pour autant éternel et qu'il vous restera toujours la solution du divorce, bien que plus longue et plus coûteuse que la simple annulation du mariage.

Pour achever joyeusement ce chapitre, j'évoquerai la triste fin de Philippine Duglandier qui, aux dernières nouvelles, serait devenue nymphomane, exerçant ses talents à la sortie des lycées de garçons de La Courneuve.

Chapitre 2

AU COURS DUQUEL LA CORPORATION DES TAXIS AFFRONTE L'IRE ANTICOMMUNISTE PRIMAIRE DU HÉROS, AU MÉPRIS DE DEUX BONS SIÈCLES D'ACQUIS SOCIAUX

Palsambleu ! J'ai totalement oublié de me décrire physiquement... La quarantaine bien alerte, les sourcils en bataille cachant deux mignons petits yeux ronds et malins, une légère calvitie (qui n'est pas sans déplaire aux femmes !), une petite brioche (qui les rend toutes folles), une taille très moyenne, une moustache et une balafre (divin souvenir de mes aventures algériennes) parachèvent définitivement ce tableau que ne renierait pas Dorian Gray...

Aujourd'hui, comme il fait beau, j'ai décidé d'emmerder les taxis. J'aime pas les taxis...

J'attaque à l'Opéra. Une dizaine de charognards à casquette et quatre roues font le trottoir et attendent patiemment, tels des péripatéticiennes en chaleur, le client. Ces odieuses pompes à pourboires ont pour coutume de forcer le consommateur à emprunter la première voiture de la file. Ben voyons ! C'est mal connaître votre serviteur... Vu la tronche du premier, j'ai pas envie de finir méchoui à la Goutte-d'Or... Gare au gorille, ciao et examinons attentivement le faciès du suivant... Qu'est-ce que c'est que cette poubelle ? ! Il appelle ça une automobile ? Même comme corbillard, j'aurais peur de finir dans le décor... Suivant ! Tiens un Viet ! Next !

Ah ! Qu'il est beau celui-là ! La casquette solidement vissée sur un crâne qui fleure bon le terroir, *Paris-Turf* entre ses grosses pattes, l'inévitable chien-en-plastique-qui-hoche-la-tête-artistiquement-posé-sur-la-plage-arrière, ce taxi est décidément bien accueillant et ne sent pas la savane. Je l'adopte...

— 46, rue de la Grande-Truanderie, je vous prie...

— Nooon. Z'avez pas vu, y'en a qui sont libres au début ! Moi, j'attends mon tour, et j'ai pas fini de remplir mon ticket pour la quatrième à Auteuil...

— Mon brave, vous n'êtes pas sans savoir qu'aucun règlement ne me contraint à emprunter le premier gangster de la meute si l'aspect du chauffeur ou de sa voiture ne me conviennent pas. Cessons donc ce bavardage inutile et soyez aimable de me conduire promptement, et sans murmure, à l'adresse qui vous fut indiquée au début de notre agréable entretien...

— Ben, merde alors ! En v'là un qui connaît bien ses droits !

Pas peu fier d'avoir intimidé la bête, je décide de ne pas en rester là avec ce spécimen d'*homo abrutus taxiis*.

Alors que nous démarrons, la horde basanée et jalouse lance à notre adresse un « Va donc, é' conna' ! » plein de haine et de rancune, assorti d'un *bwas d'honneu'* du plus bel effet.

Chemin faisant, je décide de lui passer un tabac. Malgré le panneau « interdiction de fumer » positionné stratégiquement afin qu'aucune paire d'yeux ne puisse le manquer, j'allume un énorme cigare particulièrement fumant !

— Savez pas lire ? éructe le bougre.

— Mon brave, vous n'êtes pas sans savoir qu'aucun règlement ne peut m'interdire de griller mon Davidoff dans un taxi en toute quiétude... Vos états d'âme pulmonaires ne me concernent heureusement pas. Un peu de pudeur que diable !

— Oh ben chiotte alors ! Z'êtes un cas vous ! Pisque c'est comme ça, j'vais exceptionnellement m'allumer une p'tite maïs !

— Mais vous n'y pensez pas malheureux ! Je connais parfaitement les règlements et vous ne pouvez pas fumer sans avoir obtenu ma permission. Un peu de tenue que diable !

— Vous... Z'êtes fort, vous ! Merde alors ! N'empêche, votre gros cigare, il pue sacrément, à en incommoder un Gainsbourg pas lavé. J'vais ouvrir un peu la vitre !

— Et ma bronchite ? J'en suis à peine remis ! Vos réflexions olfactives m'indiffèrent totalement. Vous ne pouvez ouvrir la vitre sans mon consentement. Veuillez donc la fermer séance tenante et ce, dans tous les sens du terme. Un peu de savoir-vivre ne vous ferait pas de mal.

— (En sourdine). Ben, crotte alors !

Mon Davidoff achevé, et l'habitacle passablement enfumé (à tel point que je ne pouvais distinguer les traits de mon chauffeur, ce qui d'ailleurs n'était pas un mal), je décide de porter l'estocade et j'ouvre ainsi, contre toute attente, les deux vitres arrière.

— Ben... Faut savoir c'que vous voulez. Mézigue commence à en avoir plein la patate! Z'êtes pas simple, vous!

— Cher ami, apprenez qu'à l'instar des opérations relatives à la fermeture des vitres, je suis autorisé à les ouvrir si tel est mon bon plaisir. Je vous prierai donc de bien vouloir obtempérer en ouvrant les deux vitres avant. Exécution immédiate!

— Y'm'tue, ce blaireau!

Arrivés à destination, je paye le pauvre bougre, exige bien évidemment une fiche complète et détaillée que ledit bougre me remplit en maugréant, et j'omets bien sûr de lui donner le moindre pourboire ce qui inspire au pauvre hère cette réflexion transpirante de philosophie faubourienne:

— Pauv' mec, va! T'as les plombs de la tête qu'ont pété, hé, patate!!!

Dans un état de félicité suprême, je quitte mon souffre-douleur et avise ma prochaine victime.

Comme tout bon citoyen français — même étranger —, je me positionne sur la chaussée et hèle comme un beau diable un second représentant de cette triste organisation.

504 grise du plus bel effet esthétiquement décorée par la queue de Davy Croquette au rétroviseur et aux accents multicolores de moult autocollants: «Auto-stoppeuses, y'a bon taxi!», «Les chauffards sont sympas!», «Serrez pas trop près, j'suis bourré!» et autres cocasseries d'aussi bon goût. L'engin funeste pile sec, une des vitres s'ouvre laborieusement et une face rougeaude, bien qu'hexagonale, me scrute de pied en cap.

— Z'allez où, vous?

Ignorant délibérément sa requête, j'ouvre lestement la portière arrière et pose mon illustre séant sur le skaï molletonné de la banquette.

— 24, rue Saint-Denis, je vous prie...

— Z'êtes malade, c'est juste à côté, z'avez des guiboles, non, un peu de marche vous ferait du bien. Ça fait une plombe que j'attends un client, croyez pas que j'vais perdre mon temps pour faire 200 mètres !...

— Mon ami, je connais bien la loi et je peux vous affirmer que vous êtes en train de commettre un « refus de vente » caractérisé...

— ...

— ...Et vous savez pertinemment que vous risquez de vous faire sérieusement tirer les oreilles en commission de discipline !

— ...Ben...

— Maintenant, mon brave, si vous préférez rejoindre le très honorable rang des demandeurs d'emploi, à votre guise !

— C'est parti mon kiki, en voiture ! Direction rue Saint-Denis !

Le voyage, bien que court, fut plaisant et ma foi bien économique. 45 secondes plus tard, nous voilà à bon port, et le bon porc me réclame 8,50 F correspondant au prix du trajet effectué. Naturellement, tout en payant, je réclame une fiche détaillée, et j'essuie une nouvelle insulte consécutive à mon total mutisme en ce qui aurait pu concerner un éventuel « pourliche ».

Une joie indicible envahit tout mon être, et saoulé par ces deux victoires, ivre de folie emmerdophile, je pointe de l'index une Lada rouge, timidement garée boulevard de Sébastopol en attente d'un « camarade » client.

11 h 15 : taxi Goulag, casquette en bataille (modèle Krasu SVP), col roulé écarlate, portrait du camarade Lajoinie bien en évidence à côté du rétroviseur, *l'Huma*, négligemment ouvert à la page « tiercé », posé à la place du mort.

Plus dure sera la chute, je commence par l'amadouer :

— Place du Colonel-Fabien !

Ses yeux humides de reconnaissance acquiescent, et c'est dans un vrombissement, qui n'a rien à envier à celui des chars soviétiques débarquant à Kaboul un beau matin de 1979, dans le but humanitaire de libérer le peuple afghan opprimé par l'envahisseur afghan, qu'une nouvelle aventure, teintée d'internationalisme, démarre aux accords harmonieux de : « *C'eeeest la lutte finââââle, groupons-nous...* »

Soudain, tel le loup-garou une nuit de pleine lune, ma monstrueuse nature reprend le dessus...

— Finalement, camarade taxi, je viens de changer d'avis... Nous allons quelque peu différer notre arrivée place du Colonel-Fabien en allant prendre ma tendre aimée Anne-Sophie qui nous attend au métro Passy...

— Z'auriez pas pu le dire avant qu'on soye à Ménilmuche ? Elle est forte celle-là !!!

— Très cher camarade, sachez que le client est roi... En conséquence j'ai le droit d'aller où je veux, chercher qui je veux et ceci durera ce que ça durera !

— C'est parti, mon prince !

J'aime Paris. Les arcades de la rue de Rivoli, la place de la Concorde encore habitée par le spectre de Louis XVI, le zouave du pont de l'Alma (confidence pour confidence, mon zouave coco commence à fulminer sérieusement : « Quartier de bourges ! Ça pue le fric gagné sur le dos des pauv' travailleurs ! »), les boutiques chic, Dior, Chanel, Lanvin et autres Cardin (« Foutus pommadés ! J' t'en foutrais, moi, des fringues et du sent-bon ! »), la place de l'Étoile, l'avenue Mozart (« Aimions bien Mozart, un sacré peintre çui-là ! »)...

12 h 20 : métro Passy. Point d'Anne-Sophie.

— Ben, votre poule, elle sait se faire désirer, hein ! On voit qu'elle connaît pas les cadences infernales de Flins !

— Apprenez, insolent camarade, qu'Anne-Sophie n'est pas une poule et profitant de cette digression de l'ordre des gallinacées, je vous serais gré de bien vouloir rabaisser votre caquet.

13 h 12 : métro Passy. Toujours pas d'Anne-Sophie. Lapin...

— En parlant de lapin, z'avez pas faim, vous ?

— Sachez, mon brave camarade, que vos angoisses stomacales m'indiffèrent totalement... Du reste, j'ai une fois de plus changé d'avis et nous allons derechef nous rendre gare Saint-Lazare afin d'y accueillir ma vieille tante Alberte, de retour de sa cure à Vichy. Mais auparavant, comme c'est moi qui puis imposer mon trajet, vous serez bien aimable de faire un léger crochet par la place d'Italie, théâtre de mes premières amours estudiantines...

Re-avenue Mozart (« Un sacré évrivain, çui-là ! »), front de Seine, embouteillage monstre à Saint-Michel, Denfert-Rochereau, coups de klaxon et crise de nerfs :

— Je signale humblement à Votre Altesse qu'une fois arrivé à Saint-Lazare, pas de miracles, basta, j'la débarque Sa Sainteté... Plein l' cul d'avoir l'estomac vide !

14 h 05 : gare Saint-Lazare, Cour de Rome, tante Alberte, parapluie en bandoulière flanquée de son abominable rejeton, Adolphe, le bien nommé.

— Terminus, Monseigneur, le carrosse est arrivé... Tout le monde descend!

— Nenni! Je suis votre client et j'ai le regret de vous informer que votre course n'est pas terminée: nous sommes encore bien loin de la place du Colonel-Fabien... Nous allons de ce pas conduire ma chère tante et son adorable rejeton gare Montparnasse... Vous n'avez pas le droit de refuser. Fouette cocher!

14 h 58: gare Montparnasse.

— Nous z'y v'là à Montparnos... Allez hop! Du vent la famille royale!

Bisous à tante Alberte, taloche à l'insolent Adolphe qui n'a rien trouvé de mieux pour se venger que de lâcher un tonitruant: « Ça fouettait le coco pourri là-dedans! » du plus bel effet.

— Sire... Ça nous fera...

— Ça nous fera rien du tout pour l'instant puisque nous partons immédiatement à la Bastille retrouver mon bon ami Anatole. Pressez le mouvement, je vous prie!

— À la Bastoche maintenant? Allions faire un « nervouze brèque-donne »! Craquions!

Le visage blême, la bave aux lèvres, l'œil hagard (de l'Est) et les membres soudain envahis par le syndrome de Parkinson, l'*homo taxiis*, complètement lobotomisé, enclenche machinalement le premier rapport en produisant un grognement à la limite du perceptible. Je suis aux anges!

15 h 37: place de la Bastille. Anatole goguenard devine, du premier coup d'œil, le calvaire enduré par l'homme à la Lada.

— Où désires-tu aller, mon cher Anatole?... m'enquiers-je.

— ... Pont de Neuilly, et sachez que nous

sommes pressés! Agissez donc en conséquence, mon brave...

— Allions où vous voulez, mais voulions plus rien entendre... Portugaises bouchées! Z'avez gagné... Bouffions ma carte du Parti.

Chemin faisant, et il y en avait, Anatole me décrit précisément les reliefs de son repas de midi chez Bofinger. Notre coco national salive sur son volant en délirant: «Ha! Cuisses de dindes, vodka, bœuf mode, arrosé d'une bonne vodka...» Et autres fantasmes culinaires...

16 h 40: pont de Neuilly. Bordel considérable. Le compteur entame son second tour. Chauffeur hébété. Exit Anatole.

— J'ai la joie de vous annoncer, mon cher ami, que votre chemin de croix prendra fin dès que j'aurai posé mon illustre pied sur le macadam de la place du Colonel-Fabien. Vous vous souvenez, j'espère?

— ... (Silence lourd de sens).

— Vous m'écoutez au moins?

— ... (Silence de mort).

Alors que nous roulons, et me sentant d'une humeur fort agréable, j'entame le gai refrain, suggestif et cruel: «J'ai bien mangé, j'ai bien bu, j'ai la peau du ventre bien tendue, merci petit Jésus!!!»

Mécaniquement, le pauvre bougre d'*homo taxiis* bat pitoyablement la mesure.

18 h 05: place du Colonel-Fabien. Compteur et chauffeur à zéro.

— Ha! Enfin, pas trop tôt! Combien vous dois-je, mon brave?

— ... Abandonnions taxi... Allions devenir danseuse étoile dans les ballets Mosseiev... Allions cultiver l' caviar dans la Baltique et bénir Marchais dans le fleuve Amour!!! Que Sa Seigneurie me donne ce qu'elle veut, mais qu'elle dégage fissa de mon beau Lada...

Comme je ne suis pas chien, je donne au brave homme 2,50 F de pourboire ainsi que ma considération distinguée. Finalement, c'était un brave car il aurait très bien pu me faire payer les 754 F affichés au compteur.

Dans ma folie emmerdophile, je n'ai pourtant fait qu'appliquer mon droit de citoyen modèle (des mauvaises langues pourraient malgré tout s'interroger sur les prétendus sentiments anticommunistes qui m'habitent) et de consommateur averti. Naturellement, je n'ai rien inventé et l'ensemble des belles informations ci-dessus évoquées est intégralement contenu dans le code de cette sympathique et dévouée corporation qu'est celle des taxis, régie par le **décret n° 73-225 du 2 mars 1973** qui pose les principes généraux de cette profession. Prétextant un important rendez-vous place du Colonel-Fabien, je ne fais que me réjouir, boissons alcoolisées en renfort, de cette splendide journée de chasse périlleuse, mouvementée et excessivement généreuse.

19 h 29 : place du Colonel-Fabien, terrasse du troquet *Aux canons du Colon*. C'est un Albert joyeux qui salue aimablement la compagnie, prêt à porter le coup de mousquet fatal (en une lutte finale) afin de clôturer, comme il se doit, cette journée qui restera dans les annales du *Chasseur Français*.

« Il faut, pour finir, que je débusque un beau gibier !... Tête de station... Examinons attentivement les horodateurs de ces bavards impénitents... (horodateur : petit compteur, situé sur la plage arrière du taxi, indiquant précisément, entre autres, son horaire de travail ou son heure de retour)... Humm... Celui-ci termine à 22 heures... Pas excitant ! Celui-ci, en revanche, finit à 20 heures... Plaque d'immatriculation... Génial ! Ce pauvre imbécile habite en banlieue ouest... Au travail, je vais l'amener à l'opposé... Carrément plein est... Ça va saigner ! »

— 27, avenue Staline, à Ivry, je vous prie...

— Z'avez vu l'heure, non ? Moi, j' termine bientôt et vot' bled, ça m'éloigne trop du cassoulet de Paulette... C'est pour vous dire !

— Vous possédez bien un horodateur, ami chauffeur...

— Ben, ouais... C'est obligé...

— Bien. Je vous serais donc obligé de bien vouloir vous retourner afin de le consulter. Tiens, comme c'est bizarre ! Il indique que vous ne devez terminer qu'à 20 heures... Il n'est que 19 h 31 et j'ai en conséquence le droit de poser mon auguste séant sur votre sale banquette arrière. À Ivryyy ! Et Fissaaaaa !!!

— C'est marrant, j' voulais pas le croire, mais les copains taxis m'avaient causé d'un cinglé maniaque qui sévissait à Paris ! C' coup ci, c'est pour mézigue ! C'est pas au tiercé que j'aurais ce bol...

Histoire de ne pas perdre la main, je refais cyniquement le coup du cigare (« 'Sent mauvais le truc ! Keuf ! Keuf ! »), celui des vitres (« Hé, ça caille ! »), sans oublier le supplice de Tantale (Roi de Lydie. Ayant reçu la visite des dieux, il leur fit servir les membres de son propre fils, Pélops. Zeus le précipita dans le Tartare — l'ancêtre du steak ? NDA — et le condamna à être sans cesse en proie à une soif et à une faim dévorantes) :

— Ami taxi, vous qui avez une tête de fin gourmet, je signale à votre esprit alléché que, ce soir, j'ai l'intention de déguster une fricassée de perdreaux dont vous ne me direz malheureusement aucune nouvelle. En revanche, je suis quelque peu inquiet quant à l'état de votre cassoulet, à moins que vous ne le préfériez particulièrement gratiné... Ça ne va pas être de la tarte...

— Rapport aux tartes, faut pas trop m' tenter, hein ? Dites donc, c'est où l'avenue Staline ? C'est infernal ce coin.

— ...

— Aloooors, z'êtes sourd en plus ?

— Cher ami, primo je n'ai aucune idée de l'emplacement géographique de l'avenue Staline, deuxio, c'est à vous de vous débrouiller tout seul... Et vite. Parce que votre cassoulet...

19 h 59 : Ivry, 27, avenue Staline.

— Descendez vite. Raquez et tirez-vous.

— Voilà, mon brave... Ben dites donc, vous n'êtes pas prêt de vous mettre à table... Vu le périphérique. Quel enfer ! Remarquez, y'en a qui préfèrent le cassoulet froid...

S'ensuivit un déluge d'insultes et de grossièretés que la décence de cet ouvrage m'interdit de préciser davantage.

Chapitre 3

OÙ L'ON VOIT UN ALBERT GRIMÉ EN NÈGRE, FAIRE BOUILLIR LES RESTAURATEURS, LESQUELS SE SENTENT OBLIGÉS D'EN FAIRE TOUT UN PLAT

J'habite un charmant F3 rue du Faubourg-Saint-Antoine dans le XIIe arrondissement de Paris. Nul besoin d'agence de voyage : ce quartier est formidable car faisant découvrir, pêle-mêle, les charmes de l'Orient, l'écho de la savane et les subtilités de la langue arabe... Bref, les vacances toute l'année ! Lieu béni, terres encore vierges où seuls quelques courageux explorateurs ont osé s'aventurer. La rumeur prétend que l'ineffable Jean-Marie Le P. avait souhaité s'y rendre voici quelques années, mais n'ayant pas retrouvé son pistolet à bouchon à temps, il dut y renoncer au dernier moment.

Pour l'heure, je suis confortablement assis devant mon miroir de salon, une photo de Yannick Noah posée à côté d'une grande boîte de cirage... Mais quel est donc ce mystère ? Déjà sens-je poindre les réflexions désobligeantes des potes de SOS-Racisme... Toi y'en a te calmer, mon z'ami ! Moi, bon blanc et bon maître... Te montrer comment toi pouvoir te défendre face à méchants bwanas nostalgiques des plantations de bananiers... Toi, bien écouter moi !

Tu vois, moi vouloi' wessembler toi ! Mawant non ? Alo' moi, pas me mettre os dans les naseaux... Moi, pwendwe pôt de ciwage et m'en badigeonner le visage. Beaucoup, beaucoup, et moi être tout bwonzé maintenant. Comme toi, mon fwèwe, je ne me suis pas lavé depuis bien des lunes et j'ai enfilé quelques haillons de ton pays : boubou hors d'âge passablement percé, amulette magique confectionnée à partir d'os de porc afin de former une remarquable unité avec son porteur présumé, ignobles babouches aux pieds, serpillière immonde sur le crâne, cravate douteuse prise en secours, et pour parfaire le tout, adoption d'une démarche « traîne-savate » qui depuis longtemps fait les beaux jours de la Goutte-d'Or. Ben mon colon, me voilà beau.

Voici quinze jours que j'ai réservé une table bien placée dans un grand restaurant particulièrement bien fréquenté, dont je tairai le nom par charité chrétienne envers ses propriétaires.

Me voici dans le hall du restaurant avec mes accessoires, mon boubou et ma tête de bon nègwe.

— Bonjou' Missié le westowateu', j'ai wésewé une table au nom de Missié Lenoir.

— ... Heuuu... Effectivement... Certes... Nous avons bien une table réservée à ce nom-là, mais... Heu... Nous ignorions que... Enfin...

— Mais enfin, Missié, nous ne sommes plus cannibales depuis twois généwations ! Veuillez avoi' l'obligeance de me désigner ma table pwésentement.

— ... Nous sommes désolés, Monsieur Négro...

— Lenoi' !

— ... Monsieur Lenoi', l'établissement exige de sa clientèle masculine le port d'une cravate. Dans ces conditions...

— Ho, ben ça tombe bien, j'en ai une dans ma poche. Elle est belle, parfum cent pou' cent pu' chèvre !

— ... Heu... Dans ces conditions, Monsieur Lenègre...

— Lenoi' !

— ... Nous sommes navrés mais nous n'avons plus de table de libre... Avec nos plus vives excuses...

— C'est scandaleux ! Non seulement je vois des tables de libwe, mais je n'hésitewai pas une seule seconde à vous citer **l'awticle 416 du Code pénal** qui « interdit les discriminations fondées sur le sexe, la situation de famille, l'appartenance ou non à une race, une ethnie, une nation, une religion. Maintenant, à table, j'ai faim, si vous ne voulez pas que j'appelle les poulets, bande de po'cs !

Peinturluré à la diable, je pénètre subitement dans la grande salle du restaurant, sous les regards interloqués de la clientèle huppée du prestigieux établissement et du personnel de la salle. Au mépris des quolibets et autres ricanements, je m'installe, et commande d'un ton sec : « Ga'çon, faites-moi reveni' des wognons blancs ! »

Le festin se déroulait fort agréablement. Dans un état jubilatoire certain, bien que contenu, je savourais les rognons blancs sauce Madère qui m'avaient été servis.

C'est quand le garçon apporta les « profiteroles du chef manière tartare arrosées au chocolat noir », que le drame éclata dans toute sa cruauté.

La séquence suivante étant d'une dureté à faire passer *les Aventures de Rambo chez les sots Viets* pour un piètre conte de fées destiné aux enfants attardés, je suis navré de devoir, une fois encore prier les personnes sensibles de passer directement au troisième acte du présent chapitre.

Un bruit effroyable secoue la sérénité habituelle qui est celle de ce grand restaurant où tout est luxe, calme et volupté. Ambiance que seules quelques mouches insolentes se permettraient de troubler...

Bruits de vaisselle brisée mêlés à ceux causés par la chute accidentelle du serveur, dont les Lobb se seraient prises dans les replis du long boubou qui traînait négligemment sur l'immaculée moquette de cette luxueuse cantine.

Catastrophe : les « profiteroles du chef manière tartare arrosées au chocolat noir » gisent lamentablement sur la nappe, ayant semé dans leur chute quelques particules de chocolat noir, initialement prévu pour arroser les profiteroles.

— Que Monsieur pardonne ma maladresse !

— Pwésentement, maintenant mon boubou d'un blanc iwépwochable est devenu un boubou d'un noi' cewtain...

Tous les amateurs de jeux de mots et de boudin auront bien ri de ce calembour. Ne me démontant pas, je poursuis :

— ... En conséquence, vous allez me payer les fwais de pwessing nécessités par le nettoyage de mon boubou, comme il est de coutume en paweil cas... (Il est à préciser que ceci est bien évidemment la moindre des choses à exiger, y compris dans l'hypothèse où le vêtement n'est que faiblement — mais sûrement — tâché par la maladresse du personnel officiant.)

L'incident clos, je sors de l'établissement. Sur le trottoir, je me fais aborder par un ex-ministre très en vue :

— Monsieur l'ambassadeur, permettez-moi de me présenter : Christian P... et voici mon compère Yves Palier. Votre culot nous a favorablement impressionné et nous voudrions vous proposer une affaire, pour notre plus grand bien commun... (puis, baissant la voix)... Blablabla... Carrefour... Blablabla... Développement... Blablabla... c... en or... Blablabla... Pigeons plumés... Blablabla... Ça marchera sûrement... Bla...

Bon, on ne va pas passer l'hiver là-dessus. Il n'y a pas de quoi en faire une affaire d'État.

Anne-Sophie est adorable... Longs cheveux blonds, petit nez en trompette, yeux verts et malins, longues jambes sexy, poitrine opulente (syndrôme Samantha Fox), bouche gourmande, bref, un canon CP-FH (collier de perles-foulard Hermès). En un mot : la classe. Côté intelligence, c'est le nirvanâ : BEPC — avec mention — à 8 ans et demi, bac à 14 ans — option couture —, elle ne dédaigne pas les nourritures intellectuelles : Jacqueline Monsigny, Joël Bats, Rika Zaraï et autres *Valise en carton*... Je suis donc l'heureux fiancé d'une Marie Curie qui s'ignore encore.

Monsieur Germain Grolard est mon patron. Grolard possède un visage mijoté aux petits oignons (il en est revenu !) : courts cheveux bruns coupés en brosse, face joufflue, appendice nasal excessivement gros et gras, petits yeux bovins masqués derrière des lunettes rondes à la Trotsky, courtes jambes absolument pas sexy, gros bide, haleine pas très fraîche, bref une silhouette capable d'effrayer les pensionnaires de la pire des porcheries !

Paradoxalement, côté intellect, Germain Grolard frôle l'indécence : self-service made man (homme qui s'est heureusement fait tout seul dans la fréquentation assidue des cantines scolaires), l'intégrale de *Oui-Oui* luxueusement reliée et trônant majestueusement sur son bureau, branché ciné *underground* (de *Rabbi Jacob* à Claude Zidi, en passant par tout Chuck Norris, le bougre est incollable !). Que ferais-je sans Germain Grolard ?

L'occasion faisant le cochon, j'invite Grolard et Anne-Sophie à dîner pour fêter dignement ma promotion à venir : « Mon cher Le Pénible, j'ai la joie de vous annoncer que j'ai aujourd'hui décidé de vous installer au poste, ô combien convoité, de chef comptable... Non, non... Ne me remerciez pas ! Je suis comme ça, une sorte de grand seigneur, quoi ! Vous débuterez dans votre nouvelle fonction dès demain... »

23-06-87. 20 h 00 : restaurant *la Poêle en Bronze.*

Anne-Sophie : foie gras en salade, soufflé de homard aux airelles...

Germain Grolard (mon bienfaiteur) : pâté de tête, cochonailles variées, jarret de porc, museau vinaigrette, langue de cochon du chef à la persillade (« Ch'est bon cha ! Grouiiik ! »).

Moi-même : je dévore Anne-Sophie des yeux et me contente d'un léger consommé de volaille pour contraster avec les cochonneries de Grolard.

23-06-87. 21 h 12 : *la Poêle en Bronze.* Desserts.

Apocalypse et scandale ! Chaussure gauche du garçon mal lacée. Vol plané à défaut d'être planant. Omelette norvégienne (de quoi glacer l'ambiance faute d'en faire tout un plat) renversée sur mon beau costume tout neuf. Tronches manifestement gênées de l'assistance. Honte à moi, Grolard rose-jambon et Anne-Sophie jaune d'angoisse. Rien ne va plus. Sang et larmes ! Je passe pour le parfait blaireau et, malgré les plates excuses du serveur embarrassé, j'invoque fébrilement l'**article 1383 du Code Civil :** « Chacun est responsable du dommage qu'il a causé par son fait, mais encore par sa négligence ou par son imprudence » ; et je précise, en parlant à haute et intelligible voix, que le dommage réparable est bien évidemment matériel (remboursement de mes frais de pressing) mais aussi, et surtout, moral, quant à l'atteinte envers mon honneur et la considération due à ma personne : **Code civil, 13 octobre 1955, décret 1956.** Je précise à cet effet, qu'à la suite de ce regrettable incident, Grolard et Anne-Sophie ont quitté brusquement la pièce, mon cochon de patron criant à la cantonade un splendide : « Le Pénible est un foutre ! » ne me laissant présager rien de bon en ce qui devrait concerner la suite de ma carrière...

23-06-87. 21 h 13 : *la Poêle en Bronze.* Épilogue.

Apparemment abattu, humilié et abandonné de tous, tel le Chirac moyen le 8 mai 1988 à 20 heures 01, je suis en fait au paroxysme de la félicité suprême.

J'explique calmement au patron, descendu ventre à terre, les conséquences irrémédiables causées par la maladresse de son employé.

1) Carrière foutue.

2) Mariage foutu, dot brisée... Véritable gâchis.

3) Dénigrement public devant une assemblée hilare.

Constatant les balbutiements du bonhomme, je porte l'estocade et l'invite à contacter au plus vite son conseil afin de préparer un hypothétique système de défense. Et, croyez-moi, ça va raquer !

Moralité : n'hésitez pas, tout comme moi, à vous réfugier derrière les règlements, et ce au moindre incident, fut-il sans apparente gravité. En tout cas, ces péripéties ne m'ont en rien coupé l'appétit et je vous propose de nous retrouver *au Rendez-Vous des Routiers Flingueurs*, route départementale 137, à mi-chemin entre Plouqueville et Saltrouville, taverne chaudement recommandée dans le guide *Dégobilleaud*, au chapitre : « Faut oser ! »

J'ai une faim du diable et, tout en salivant, j'avise ce charmant estaminet pour routiers. Je me gare, très péniblement, entre deux 48-tonnes, les cabines tapissées de posters-calendriers d'un érotisme brûlant à faire passer les formes rebondies de la Mère Denis pour celles de Brigitte Lahaie.

En pénétrant dans la salle enfumée, je remarque quelques bonnes faces rougeaudes, « marcels » graisseux à souhait, Boyard aux lèvres, casquettes largement enfoncées jusqu'aux oreilles, tel Gabin dans *la Bête humaine*, afin de cacher un crâne outrageusement développé, trahissant une activité cérébrale par trop insolente.

La pertinence de leurs réflexions confirme mon diagnostic initial :

— Popol ! Vise un peu l' blaireau qui ramène sa fraise !

Il s'ensuit un puissant éclat de rire général dont l'intérêt n'a pas échappé à ma perspicacité d'ethnologue emmerdophile que je suis.

Imperturbable, je me dirige d'un pas décidé vers

une table libre. Table centrale, ne comportant pas moins de dix couverts. Jeannot, maître des lieux, intervient promptement et élégamment :

— Faut pas s' mettre là, m'sieur Blaireau ! Où j' vais les mettre, mes p'tits gars, quand y z'auront garé leur bahut ?

— Brave tavernier, sachez que vous êtes en train de commettre tout bonnement un superbe refus de vente, bien sûr répréhensible ! Vous ne pouvez refuser de me servir, même si je n'occupe pas une table entière. Veuillez m'apporter le menu.

— Ben z'allez voir ! Ça va être vite fait l' menu. Terrine du chef, civet de lièvre du chef, et pour finir, tarte maison, café du chef, pousse-café d' la patronne et addition maison ! Ça va t'y Monseigneur ?

— Fort bien, allons-y pour le menu maison... Que le chef fasse de son mieux !

— Et votre altesse boira ? J'ai une bonne picrate de devant les fagots qui fait les beaux jours de mes p'tits gars... Vous vous rappelez d' la catastrophe d' la N7 ? Un vrai carnage.

— Je me contenterai d'une austère carafe d'eau.

— Et un Vittel pour le 12, un ?

— Nenni, tavernier ! Nul n'est censé ignorer la loi et vous ne pouvez ignorer qu'un établissement servant des repas et refusant de servir à la clientèle à sa demande et gratuitement l'eau ordinaire accompagnant un repas se retrouve en infraction vis-à-vis de la réglementation des prix. Le restaurateur qui offre à la place de l'eau ordinaire demandée et qu'il se refuse à servir une eau minérale qui donne lieu à paiement est également en infraction. Ce comportement aboutit à subordonner à une vente la prestation d'un service qu'il doit assurer gratuitement. Pour finir, l'obligation de servir une carafe d'eau doit être rappelée sur le menu. Pour l'avoir « oublié », une restauratrice de Rennes que j'ai récemment visitée a été condamnée à 2 500 F d'amende, et le gérant d'une pizzéria de la même ville, brave homme de surcroît, à 5 000 F. À bon entendeur...

— Y m' tue l' blaireau ! ! ! Tiens, la fouine, v'là ta carafe et tu risques pas de te noyer dedans !

Après avoir dégusté l'ignoble terrine du chef, j'attaque l'infâme civet de lièvre du chef et la tarte maison qui achève (au propre comme au figuré) ce repas inoubliable.

Les effets pernicieux de la carafe d'eau mêlés à ceux de la terrine du chef faisant leur œuvre, je m'empresse d'atteindre lestement les commodités. Ignorant totalement leur emplacement, je me fie naïvement à mon sens olfactif qui me fait commettre une mémorable bévue. Odeur nauséabonde. Baissée culotte, ouvre les yeux et, ô divine surprise, mon fondement trône au beau milieu de la cuisine du chef. Réalisant mon erreur, je me rajuste et constate l'odieux ! ! ! La prétendue terrine du chef était extraite d'un monceau surgelé de la célèbre marque « Cochonac, la terrine qui arrive à bon porc ! », le non moins dénommé « civet de lièvre du chef » provient des plats tout emballés « Embal'-bouf, c'est complètement louf ! » et pour finir la « tarte maison » est signée de la fameuse maison « Tartagueule, pour les fines gueules ! ». Traînant encore çà et là, les jambons Porcino (« Avec Porcino, c'est trop »), les bouteilles de vin Vinasse (« Avec Vinasse, ça passe ou ça casse ! ») et autres ordures que même la chienne Laïka aurait refusé de laper dans le cosmos.

C'est plus qu'il n'en faut pour irriter mes

instincts. Très méchamment, je hurle à l'attention de ce sous-Thénardier :

— La **loi sur la publicité mensongère** et la **loi du 1er août 1905 titre 30, chapitre 4,** ça vous évoque quelque chose ?

— ... (Silence lourd d'abrutissement coupable).

— Alors je vais être encore plus précis. La publicité mensongère du style « terrine du chef, tarte maison » est sanctionnée car ladite terrine et ladite tarte doivent effectivement avoir été faites sur place. Compris ?

— ... (Silence lourd et affligé).

— Maintenant un peu de jurisprudence dans cette taule, bande de vauriens. **Tribunal correctionnel de Grasse (25-4-1978) :** un restaurateur — ou un arnaqueur dans votre genre — vendait sous les dénominations « jambon de Bohème », « saumon frais », « saumon fumé de la Baltique », « glace du vieux moulin », des produits qui ne provenaient pas de ces régions, avaient été congelés ou avaient été fabriqués industriellement, etc... Sur le fondement de la **loi du 1er août 1905,** il a été condamné à 2 000 F d'amende, plus 1 000 F à un client qui s'était porté partie civile. Voulez que je continue ?

— ... (Silence inquiet mais néanmoins expectatif).

— Bonnnn ! Vous n'êtes pas sans savoir qu'en fonction d'un **arrêt de la Chambre d'accusation de Metz du 28 avril 1982,** Monsieur Adolf H., restaurateur près de la zone frontalière franco-allemande proposant à sa clientèle des « kalbschnitzel » (traduction littérale : escalope de veau) qui n'étaient que du dindonneau, a été condamné à 8 000 F d'amende et 1 000 F de dommages et intérêts. Édifiant, non ?

— ... Ben, faut pas t'énerver comme ça, mon gars. Tiens, j' t'offre le festin et une p'tite fine en prime !

— Va pour cette fois, bien que je pourrais convoquer séance tenante un huissier afin de constater le délit. Estimez-vous heureux d'échapper aux foudres de la Justice.

Tout fier de ma diatribe, je m'apprête à me rasseoir sur mon inconfortable chaise quand crac ! l'immonde objet s'effondre sous moi. Alors, me voilà soudainement attisé, chauffé à blanc, j'éructe :

— Parbleu ! Le restaurateur est tenu à une « obligation de sécurité », il faut qu'à l'issue du repas les clients soient « aussi sains et saufs » qu'à leur arrivée dans son établissement. Tiens, il me vient à l'esprit la sinistre affaire jugée par la **Cour de cassation (1re Chambre civile, 2 juin 1981)** qui a confirmé que l'exploitant d'une cafétéria devait indemniser la cliente dont la chaise s'était effondrée sous son gros postérieur. Vous voulez jouer le remake de ce scénario ?

— ... (Silence lourd de fatalité).

— Alors, c'est quand même mon coccyx qui a dégusté...

— ... (Silence très lourd).

— Coccyx : os formé par la soudure de trois ou quatre vertèbres réduites, à l'extrémité du sacrum ! Trop c'est trop, je vais de ce pas me faire examiner par le médecin et, certificat en main, je m'en vais porter plainte contre votre abattoir. Ça va saigner !

Amis lecteurs, n'hésitez pas à user, et même à abuser, de cette fameuse loi précédemment évoquée et des textes sur la publicité mensongère. Trop de restaurateurs vous proposent monts et merveilles, soyez vigilants et n'avalez pas n'importe quelle couleuvre du chef.

Sachez encore que vous pouvez de même contester le prix (coup de mousquet) ou la qualité (la tarte avait un arrière-goût de harengs de la Baltique) et qu'ainsi vous êtes en droit de ne payer que ce que vous estimez devoir au restaurateur.

Si vous avez été victime d'une publicité mensongère, de quelque nature que ce soit, le plus simple est de vous adresser au service de la Répression des Fraudes en lui faisant parvenir une lettre recommandée avec un maximum de renseignements : adresse du restaurant, heure de l'incident, circonstance de l'incident, et, le cas échéant, témoignage des personnes présentes. Le tribunal pourra vous accorder des dommages et intérêts et faire afficher le jugement à la porte du restaurant. La honte ! Menacez-en votre empoisonneur patenté, et, à la seule pensée de cette disgrâce, vous obtiendrez une rapide amélioration de votre traitement.

Chapitre 4

OÙ NOUS ASSISTONS MÉDUSÉS AU MARTYRE DE QUELQUES LIMONADIERS PEU SCRUPULEUX, ODIEUSEMENT TORTURÉS PAR UN LE PÉNIBLE SOUCIEUX DE PASSER LES BARS À TABAC

Si je vous parlais un peu de mes passions, à part celle qui consiste à emmerder mes contemporains... Depuis toujours, je collectionne les insectes morts. Mouches, scarabées, guêpes, papillons divers, abeilles, cancrelats, bourdons, frelons, et autres coccinelles mortes. L'été, j'exulte en ramassant tous ces petits cadavres brûlés par le soleil ou noyés dans les flaques d'eau. Parfois, quand j'aperçois un beau spécimen encore vif, je l'attrape au filet, et l'emprisonne dans un bocal de verre largement imbibé d'éther où je peux contempler l'agonie longue et subtile de la bête qui meurt en remuant ses trois paires de pattes pitoyables, ses ailes idiotes, son abdomen boursouflé et en produisant une cacophonie du diable à réveiller la chienne Laïka dans son tombeau cosmique (et soviétique).

Mon insectarium ne comporte pas moins (chiffre provisoire) de 3000 belles pièces, le clou de ma collection étant un *abominus coléoptarum sidaïs*, très rare, trouvé par hasard dans le caniveau de la rue Sainte-Anne, à Paris.

Certains psychiatres verront dans ce penchant les stigmates d'un refoulement sexuel mal assumé, quand on connaît les pièces buccales de ces monstres : l'abeille (pièce buccale de « lécheur »), le papillon (« suceur »), le taon (« piqueur »), la blatte (« broyeur »)...

Ces mêmes psychiatres analyseront très certainement mon comportement d'emmerdeur en parallèle avec cette soi-disant inhibition du bas-ventre... Laissons-là ces médisants et poursuivons.

14-07-1987. 14 h 30 : Paris VIIIe. Quartier des Champs-Élysées. Chaleur étouffante. Terrasse d'un célèbre café. Noir de monde. Cherche désespérément table libre... Miracle, un groupe de quatre touristes belges abandonne sa table... J'accours, d'un pas de chasse et m'installe tranquillos. Simultanément arrive le garçon, essoufflé.

— Monsieur, vous ne pouvez occuper cette place, et comme vous le constatez, cette grande table est prévue pour quatre personnes. Je vous prierai donc de bien vouloir dégager et laisser la place à ces quatre touristes japonais qui attendent depuis fort longtemps !

— Mon bon ! J'attends moi aussi depuis des lustres, c'est pourquoi je considère comme tout à fait légitime ma présence à cette table. Primo, vous ne pouvez m'obliger à dégager, ce qui constituerait un refus de vente. **Article 30, modifiant l'ordonnance de 1945 (JO du 9-12-1986) :** « Il est interdit de refuser à un consommateur la vente d'un produit ou la prestation d'un service... » Secundo, en principe, vous ne pouvez m'imposer de partager ma table avec des inconnus. Les touristes japonais n'ont qu'à attendre qu'une autre table se libère mais, au lieu de bavarder bêtement, vous feriez mieux de m'apporter un Coca.

— ... Z'avez un sacré culot, vous!!! Heureusement que tous les clients ne sont pas comme ça... C'est marrant, ça me fait penser à l'histoire que m'a racontée mon cousin Jeannot, restaurateur près de Plouqueville, un gus lui a pris la tête tout l'après-midi. Paraît que ça a fini au tribunal. Le Jeannot, il en est devenu dingue. Mais moi, un coup comme ça, ça risque pas de m'arriver parce que ces gars-là, moi, j' les mate! Bon, alors j' vous amène votre Coca et vous dégagez, y'a des clients qui attendent, sagement, eux!

14 h 33: le garçon-manant dépose bruyamment sur la table un verre et une bouteille de... Pepsi. Drame.

— Très cher manant, selon la **loi du 1-08-1905, article 1er (L-n 78-23 du 10-01-78)**, on ne peut me servir une marque pour une autre: «Quiconque, qu'il soit ou non partie au contrat, aura trompé ou tenté de tromper le contractant, par quelque moyen ou procédé que ce soit, même par l'intermédiaire d'un tiers:

— soit sur la nature, l'espèce, l'origine, les qualités substantielles, la composition ou la teneur en principes utiles de toutes marchandises,

— soit sur la quantité des choses livrées,

— soit sur l'aptitude à l'emploi,

sera puni d'un emprisonnement de trois mois au moins, deux ans au plus et d'une amende de 1 000 F au moins, 250 000 F au plus ou l'une de ces deux peines seulement.» Cette loi est renforcée par la jurisprudence du 8 octobre 1974, de la

Chambre criminelle de la Cour de cassation, où un cafetier s'est vu condamné pour avoir servi un Pastis 51 pour du Ricard, ce qui était bien évidemment inacceptable. Je vous ai commandé un Coca, vous m'avez servi un Pepsi, c'est scandaleux. Remportez-le et allez donc me quérir un vrai Coca. En outre, je me réserve le droit de donner à cette affaire les suites judiciaires qui pourraient s'imposer.

14 h 34 : le Coca arrive. Bronzing bon genre.

16 h 15 : garçon énervé.

— Monsieur, cela fait vraiment trop longtemps que vous occupez seul cette place. De deux choses l'une : ou bien vous reprenez une autre consommation, ou bien vous dégagez. C'est simple, non ? Pigé ?

— Espèce de jeune puceau, sachez bien qu'on ne peut m'obliger à reprendre une consommation sous le fallacieux prétexte que je suis là depuis longtemps. Il se trouve que j'ai une sainte horreur de la subordination de vente. **Code du commerce, article 37 (décret n° 58-545 du 24 juin 1958) :** « Est assimilé à la pratique du prix illicite le fait : par tout producteur, commerçant, industriel ou artisan, sous réserve qu'elle ne soit pas soumise à une réglementation spéciale, de subordonner la vente d'un produit ou la prestation d'un service quelconque, soit à l'achat concomittant d'autres produits, soit à l'achat d'une quantité imposée, soit à la prestation d'un autre service. » Alors je t'informe, maudit serveur, que tu tombes une fois encore sous le coup de la loi. Ote-toi de mon soleil et laisse-moi bonzer en paix.

— Graine d'emmerdeur ! Vous allez...

— Stoppe là les flatteries ! Ça ne marche pas avec moi !

Je me dois de préciser que, contrairement à ce

que voudrait une certaine mythologie, aucun texte ne conforte le quidam moyen qui, sans être véritablement client, exigerait la gratuité d'un verre d'eau au comptoir ainsi que le libre accès aux toilettes de l'établissement. Évitez de devenir emmerdeur emmerdé, et de vous retrouver dans la m..., faute d'avoir pu aller aux commodités.

Emmerder son prochain est un art dont je me considère, à juste titre, le Michel-Ange... À cet égard, je ne fais aucune ségrégation. Il est aussi jouissif de faire suer le bourgeois que d'emmerder le prolétaire. Cependant, je dois reconnaître qu'il est beaucoup plus amusant d'exercer son art dans les contrées sauvages, ou encore dans le sud de la France, endroit où les autochtones, souvent à sang chaud, réagissent mieux à mes attaques. Ainsi, je me souviens encore de cette mésaventure arrivée à Marseille. Ce jour-là, je m'étais installé à une terrasse de la Canebière bourrée... de monde.

— Garçon ! Un petit café.

— Putaing, cong ! Tu vas où toig ! Ici, c'est la terrasse, heing ! On sert pas de café icig, heing.

— Mon bon Phocéen, sachez que vous n'êtes plus dans la jungle et qu'il existe des lois auxquelles aucun citoyen, fût-il marseillais, ne peut se soustraire. Vous ne pouvez me refuser un café, aussi modeste soit-il, sans vous placer dans une situation irrégulière : celle d'un refus de vente. C'est pourquoi je vous renouvelle pour la dernière fois ma demande : un petit café, j'ai hâte de sentir son fumet particulier qui tranchera avec les odeurs de poisson qui nous embaument actuellement. D'autre part, si vous persistez dans votre mutisme, je vous signale qu'il est interdit dans les débits de boissons et autres lieux publics, et ce à n'importe quelle heure, de vendre ou d'offrir gratuitement à des mineurs de moins de seize ans des boissons alcoolisées. J'ai cru deviner, accoudés à votre comptoir, quelques jeunes voyous qui ne doivent pas compter plus de quatorze printemps en train de siroter un canon cent pour cent IVe groupe ! **(L.82. Code pénal)**. J'ai même été jusqu'à m'enquérir auprès de ces jouvenceaux : « Ton papa est là ? », « Putaing, non ! », « Ta maman peut-être ? », « Non, elle tapine ! », « Es-tu accompagné par une grande personne de plus de dix-huit ans, mon enfant ? », « Eh, bé non, tieng ! ». Vous voici donc une nouvelle fois sous le coup de la loi, puisqu'il est interdit de recevoir dans les débits de boissons des mineurs de moins de seize ans, qui ne sont pas accompagnés de leur père, mère, tuteur, ou de toute autre personne de plus de dix-huit ans en ayant la charge ou la surveillance **(L.85, Code pénal)**. Je me réserve le droit de vous dénoncer à tout moment. Pour parfaire mon analyse, j'ai remarqué un beau spécimen d'ivrogne affalé à la table du fond, le verbe fort, l'haleine pestilentielle, sans doute un ancien ministre tombé par quelque scandale. Or, si l'on en croit le **Code pénal, loi 69 (Ord. no 59-107 du 7.01.1959)** : « Les cafetiers, cabaretiers et autres débitants de boissons qui auront donné à boire à des gens manifestement ivres ou qui les auront reçus dans leurs établissements, dans les douze mois qui auront suivi une deuxième condamnation pour contravention de simple police prévue au titre 4 du présent Code, seront punis d'un emprisonnement de un à six mois et d'une amende de 500 à 15 000 F. Est-ce clair ? »

— Comme l'eau du Vieux Port... Et un café, ung !

Ces Marseillais sont formidables ! Trois jours

après cette affaire, j'apprends par un de mes amis qu'un garçon de café local raconte dans le Tout-Marseille l'incroyable aventure qui lui est arrivée : un Parisien fada, des jeunes puceaux, un café, une terrasse, la taule, le Code pénal, le Parisien très libéré sort sa mitraillette, sous la menace tente de violer les jeunes pubères, garçon de café courageux, défense des enfants, coups de karaté, Parigot dans les vaps, entourage admiratif, félicitations du maire, Rambo des Bouches-du-Rhône...

Chapitre 5

OÙ NOUS DÉCOUVRONS QUE LE *MAGNIFIC HOTEL* DE COCHONEL-PORT-EN-MER, CHARMANTE PETITE LOCALITÉ MORBIHANNAISE, DEVIENT LE THÉÂTRE DE SANGLANTES ÉCHAUFFOURÉES RELÉGUANT AINSI LA NUIT DE LA SAINT-BARTHÉLEMY AU RANG DE RIXE PITOYABLE ENTRE ENFANTS ATTARDÉS

Vive les vacances... en France naturellement. Ne me parlez plus de l'Espagne, sa cuisine grasse, son flamenco à flanquer la migraine au plus endurci des punks Valstarisés, ses routes lamentablement défoncées, les corridas d'une cruauté bestiale — moi qui aime tant les petites bêtes, souvenez-vous : les insectes — comparées auxquelles le spectacle des boucheries Saignard fait figure d'aimable ballet enfantin à l'eau de rose, son roi Juan-Carlos, à convertir le plus entêté des aristocrates en guérillero cubain, sans oublier la célèbre Costa Brava, idéale pour perfectionner son allemand en plein mois d'août plus sûrement qu'en passant un long séjour à Düsseldorf.

Les pays du Maghreb me rappellent trop de souvenirs (mes grandes « vacances » algériennes et les péripéties qui s'en suivirent) et la chaleur puante émanant de leurs foutus déserts — sans parler de leurs fromages — ne me convient guère.

Quant aux Italiens, c'est mafiosi et compagnie : Vatican pourri jusqu'à l'os, flics véreux, pick-pockets à tous les coins de rues, les Brigades rouges, la télé porno et ses cochonneries, les charcuteries nationales pas vraiment meilleures — quoique plus chères — que notre inimitable jambon de Bayonne, des hordes de jeunes puceaux obsédés en Vespa qui se ruent sur tout bipède femelle, attirés tels des mouches par une matière malodorante que la décence m'interdit de préciser davantage, et, enfin, le pompon : une industrie automobile toute en nuances. À faire se suicider le grand Corneille lui-même : l'Italien moyen n'a le choix qu'entre des poubelles d'une espérance de vie de quelques mois ou bien des bolides de plusieurs milliards de lires — réduisant du même coup l'espérance de vie moyenne de l'*homo macaronis fangio platanum*.

Côté plumes dans le derrière ou sur la tête, les Amerloques flanqués de leurs réserves de Peaux-Rouges, c'est pas le Pérou ! Chewing-gums collés sous la table ou sous les semelles. Pendant que nous sommes au chapitre de la semelle, évoquons les hamburgers et autres fried-chicken moisis, les assassins rivalisant tous de cruauté enfermés dans des pénitenciers dorés, des voitures pachydermiques dont l'autonomie de carburant ne vous autorise qu'à parcourir le tour du pâté de maison, la prédominance du métissage — un Zaïrois craindrait presque de se promener seul la nuit dans Harlem —, Dallas, son univers pitoyable de cow-boys débiles et impuissants, la côte ouest, ses mœurs dépravées...

Moi, ce que je préfère, c'est mon petit hôtel chéri

de Cochonel-Port-en-Mer, charmante station balnéaire française.

Population hors saison : 57 habitants.

Population en été : 87 habitants, votre serviteur compris.

Mon hôtel habituel, le *Beaurivage*, ayant fait faillite cette année, me voilà contraint de me rabattre sur le second établissement aimablement proposé par le Syndicat d'initiative de Cochonel.

18-6-87 : appel. Réservation chambre d'hôtel.

— Allô ? Le *Magnific* ? Je voudrais réserver une chambre tout confort, avec vue sur la mer, début août.

— Z'avez raison de nous appeler. On est les meilleurs, et, par force, les seuls, sur la place de Cochonel-Port-en-Mer ! Z'avons même gagné trois « cracras d'or » dans l' dernier *Dégaubilleaud* ! Z'allons vous réserver la 812, le fleuron de notre établissement, avec vue sur la mer.... Au fait, combien votre altesse désire rester et profiter de notre beau Cochonel ?

— ... Deux jours.

— Pouvions pas ! Durée de séjour trop courte ! Le *Magnific* de Cochonel, c'est pas l'Armée du Salut !

— Brave hôtelier, connaissez-vous l'**article 37 de l'ordonnance du 30-06-45** ?

— Étions pas mon livre de chevet... Connaissions point !

— Sachez donc, que conséquemment à cet article, l'hôtelier ne peut refuser de me louer sous prétexte que la durée de mon séjour serait trop courte. Ce serait commettre le délit de subordination de vente. Délit que vous êtes pourtant en train de commettre ! Voulez-vous que je porte cette affaire à un degré supérieur ?

— Bon, acceptions, étions bon prince ! Prévenions qu' chez nous, c'est au moins en demi-pension !

— Y a pas que le cidre qui est bouché dans votre région ! La totalité de ce que je viens de vous dire est également applicable dans le cas où vous m'imposeriez une pension ou une demi-pension. Su-bor-di-na-tion-de-ven-te ! Vous voulez vraiment avoir des ennuis ? Rendez-vous compte : Cochonel privé de son plus prestigieux palace ! Autant imaginer Cannes sans *Carlton*, des CRS voltigeurs sans *bidule*, Jeanne d'Arc sans pucelage, Bernadette Soubirous sans soutane ou encore Nice sans son impitoyable guerre des casinos...

— Z'attendons le seigneur début août... Vue sur la mer... Service impeccable... Fiers de vous accueillir... Suis un ladre... Excusez écarts de langage... Mots dépassés pensée... Ignoble et lâche Breton...

1-08-1987. 17 h 20 : Cochonel-Port-en-Mer. Un colombin de mouette échoué sur mon pare-brise m'informe de mon arrivée à Cochonel. J'entends au loin la plainte monocorde des binious désaccordés. Je hume le parfum subtil du varech sur la plage. Un peu de culture : le varech s'appelle goémon en breton et désigne ces algues pourries de nos côtes que l'on recueille sur les grèves pour en tirer la soude et l'iode afin d'en faire de la litière. Bref, ça sent fort.

J'avise un autochtone, casquette en arrière, air sévère, et lui demande de m'indiquer le chemin du *Magnific*.

— Y a pas à s' tromper, y a qu'à suivre le vomi de goéland, même notre bon air breton n'arrive pas à évacuer cette odeur. L'autre fois, l' plat du jour, c'était des tripoux... J'ai sauvé quatre mouettes. Z'étaient en piteux état, le bec dans le sable, en train de remuer piteusement leurs pauvres petites ailes. Martyriser des pauvres z'oiseaux qui font la fierté de notre pays, c'est scandaleux !

Passablement angoissé, je découvre à la sortie d'un virage la lourde silhouette grise du *Magnific*, ancré là telle la carcasse rouillée d'un paquebot dont le capitaine aurait été un ancêtre de Charles Hernu.

J'entre dans l'antre et sonne le groom.

Après avoir décliné mon identité et précisé avoir versé des arrhes, je demande que l'on me mène à ma chambre. Escaliers tordus, arêtes de poissons, cadavres de mouettes sur les paliers et me voici dans une petite pièce d'environ dix mètres carrés ornée d'un superbe lit qui me fait regretter les nuits à la belle étoile passées dans le désert algérien. Un unique tableau, maladroitement accroché au mur sale, représentant un poisson (un maquereau ?) en train de danser la java avec un autre vertébré aquatique (une morue ?) m'incite à m'inquiéter sur la santé mentale du patron... Visons un peu le panorama, j'ouvre le volet, bouche mes naseaux et découvre horrifié la décharge publique de Cochonel-Port-en-Mer, où les strates sédimentaires composées d'un amalgame de mouettes occises et de goélands *ad patres* se disputent la vedette avec des vieux pneus, des ordures ménagères et autres immondices.

— Alors, Majesté, content de sa suite ?

— Cher ami, je vais m'efforcer de contenir ma fureur. En premier lieu, j'ai demandé une chambre avec vue sur la mer et non pas avec vue sur la *merde* ! J'exige donc, en me référant à l'**article 1590 du Code civil** (« Si la promesse de vendre a été faite avec des arrhes, chacun des contractants est maître de s'en départir. Celui qui les a données, en les perdant, et celui qui les a reçues, en restituant le double. ») : premièrement, une autre chambre correspondant à mon premier souhait ; deuxièmement, une diminution de prix et enfin, si vous ne voulez pas obtempérer, je me verrais dans l'obligation de quitter votre coupe-gorge et d'ainsi réclamer le remboursement du double des arrhes que je vous ai versées comme la loi m'y autorise.

— Z'énervez pas comme ça, entre braves gens on peut toujours s'entendre ! Tenez, j' vais même vous faire une fleur... Dès qu'on l'aura désinfectée, j' va vous louer la chambre aux Lilas Blancs... J' la réserve aux bons clients !

19 h 23 : le *Magnific*. Cochonel. Chambre des Lilas Blancs. Hôtelier fier de lui.

— Z'avez vu mes Lilas Blancs ? Vue imprenable sur les mouettes. Comme ça, z'aurez pas besoin de réveil le matin. Font un de ces foins, les garces. Verrez la baie de Cochonel « baye naïte » ! Lit moelleux... Toile de maître (Cette fois-ci, l'œuvre ne décrit plus les déhanchements furieux d'un hareng Travolta dansant la java, mais plutôt une scène particulièrement scabreuse représentant un merlu barbu faisant subir les derniers outrages à une sole, à marée basse, pendant qu'au loin, on distingue un gardien de phare en pleine séance onanique. L'infâme croûte, d'une naïveté troublante est signée d'un certain « Sardinier Rousseau » dont le talent malheureusement avorté n'a pu agrémenter les galeries du musée d'Orsay.)... Belle chambre hein ? La classe !

Après une nuit fort agitée, sans doute conséquemment à l'odeur persistante de l'iode alliée à celle, non moins tenace, des colombins de mouettes, je me réveille d'humeur massacrante, et décidé à en faire baver un maximum à ce tenancier du diable.

Outre les insectes morts, j'ai la musique pour passion. De Goldman à Rika Zaraï, en passant par les chorus endiablés d'Aimable, sans oublier l'œuvre complète de la Compagnie Créole et la perversité contenue des refrains de Dorothée et de Carlos. Dès que j'en ai l'occasion, je pose délicatement les écouteurs de mon baladeur — walkman — et m'enivre des notes subtiles de cette grande musique.

Ah, l'*andante* de Carlos quand il entame la troisième mesure de *Tout nus et tout bronzés* ! J'en connais les moindres soupirs, les bémols les plus subtils, et les montées chromatiques puissantes et terriblement émotionnelles : « Tout nus, tout nus, on n' pense plus qu'au prochain safari fesse-party ! » J'en ai les larmes aux yeux...

10 h 30 : salle à manger du *Magnific*. Albert, walkman aux oreilles. Café très noir. Confiture d'un autre âge sur toasts calcinés.

Après un bon petit déjeuner, je décide d'aller bronzer à la plage. Entre deux cadavres de goélands, j'arriverai bien à débusquer quelques centimètres carrés de sable fin non souillés de mazout. Seulement, il y a un hic : mon walkman est absolument allergique à l'air moite et humide de la plage de Cochonel. C'est pourquoi, en sortant de la salle à manger, je prie le patron, assis derrière son comptoir, de bien vouloir garder le précieux engin pendant ma séance de bronzing. Il accepte et c'est en chantant *a cappella* « *Sans chemise, sans pantalon...* » que je me dirige vers la grève sablonneuse. Chaleur étouffante. 37°2, ce matin. Cochonel en feu.

12 h 45 : accident.

Je venais tout juste de m'assoupir, malgré une céphalée sans doute due au fond de l'air si particulier de Cochonel, quand je perçois le sifflement caractéristique du bombardier moyen fendant majestueusement l'air gras... Impact. Douleur violente sur la tête. Mouette effondrée. Myopie profonde. Petites ailes battant piteusement dans le vide en brefs mouvements saccadés. Repart cahin-caha en poussant, telle la bête blessée, des gémissements plaintifs qui arracheraient des larmes au plus endurci des éventreurs londoniens.

Irrité par cette rencontre fortuite, je regagne mes pénates.

13 h 00 : hall du *Magnific*. Vision d'enfer.

J'aperçois le foutu tenancier d'établissement hôtelier, casque sur le chef, se trémousser indécemment en un jerk endiablé au son de *Bécassine, c'est ma cousine*, l'incontournable tube de Chantal Goya. Il s'agit de *mon* walkman, contenant *ma* cassette. C'est inadmissible. D'autant que l'indécent a mis le volume au maximum, histoire d'en faire profiter le Tout-Cochonel.

Je m'empresse de sermonner le bougre. J'arrache furieusement le casque.

— Bécassineu, c'est maaa cousiiineu, Bécassiiineu, c'est... Ben, étions fou ? Écoutions jolie musique...

— Immonde ! Cet appareil reproducteur de cassettes que je vous avais confié, constituait un dépôt. Or, l'**article 1930 du Code civil** est formel : « Le dépositaire ne peut se servir de la chose déposée sans la permission expresse ou présumée du déposant. » Je ne vous ai jamais donné la moindre permission d'utiliser ce précieux matériel, en conséquence, vous vous exposez aux peines punissant le délit que vous venez d'accomplir, sans compter l'usure des piles dont vous devrez me dédommager.

J'ai l'impression que l'hôtelier à mal digéré l'affaire du dépôt. Attention à l'estocade. L'après-midi, je demande à l'hôtelier de bien vouloir élégamment prendre en dépôt mon *scarabus scorbitus* (très rare spécimen de coléoptère crevé, à tentacules suceuses, négocié à prix d'or à un baroudeur vénézuélien). Par superstition, je ne m'en sépare jamais. Enfin, je propose au chef-hôtelier de prendre sous sa responsabilité ma bouteille de gnôle, souvenir de Cochonel : « La gnôle de Cochonel, la gnôle qui rend blême ! »

— On m' la fait plus, j' suis un malin, moi. Z'avez qu'à laisser vos saloperies d'insectes et l'toutim dans votre piaule. Des fois que je caresserais les tentacules de votre scarabus cunimachinchose, vous seriez capable de m'emmerder. Faut pas prendre les gens de Cochonel pour des porcs !

— Qu'à cela ne tienne, brave homme, je vais effectivement laisser tout cela dans ma chambre.

Puis à la cantonade : « D'accord, Monsieur l'hôtelier, je vais remonter dans ma chambre, numéro 846, dite la chambre aux Lilas Blancs, mon *scarabus scorbitus* de grande valeur, sans oublier une excellente bouteille de gnôle du pays cochonellois. »

— Étions pas sourd, pas la peine d'hurler si fort !

Rien ne distingue Cochonel l'après-midi de Cochonel le matin, ou le soir. Toujours les mêmes odeurs, les mouettes assassines, le mazout et des autochtones peu communicatifs. Le ventre gargouillant du repas pris à midi au *Magnific*, j'attendais avec impatience que l'après-midi se passe pour regagner l'hôtel.

18 h 47 : hôtel *Magnific.* Accueil sarcastique. Patron hilare.

— Étions blanc comme neige. Z'êtes sacrément emmerdé, hein ?

— Ne soyons point trop présomptueux. Ce qui doit arriver arrivera. *Alea jacta est!* proclamais-je en montant l'escalier qui mène à ma chambre.

— *Jacta est* toi-même, hé patate !

Arrivé devant ma chambre, je constate, contre toute attente, que l'odieux a été commis : porte fracturée, *scarabus scorbitus* introuvable, gnôle vidée.

Je prends les devants, les factures des objets dérobés, et descends en trombe, tel l'éléphant, discuter avec mon ami, l'hôtelier « blanc comme neige ».

— Je signale à votre attention que des objets de grande valeur ont été volés cet après-midi dans ma chambre.

— Z'avez-vu la pancarte là : « La maison n'est pas responsable des objets volés dans les chambres. » Moi, j' suis blanc comme linge !

— Au risque d'entâcher votre immaculée blancheur, je vous informe que ce panneau n'est pas valable. En pareil cas, un hôtelier ne peut se soustraire à ses responsabilités... Du reste, cher ami, je m'en vais vous rappeler les fondements de l'**article 1952 du Code civil :** « Les aubergistes ou hôteliers répondent, comme dépositaires, des vêtements, bagages et objets divers apportés dans leur établissement par le voyageur qui loge chez eux ; le dépôt de ces sortes d'effets doit être regardé comme un dépôt nécessaire. » En plus, infortuné tenancier, votre horoscope doit être particulièrement mauvais, car l'**article 1953, alinéa 2** est formel: «Cette responsabilité est illimitée nonobstant toute clause contraire, au cas de vol ou de détérioration des objets de toute nature déposés entre leurs mains ou qu'ils ont refusé de recevoir sans motif légitime.» Vraiment, mon pauvre vieux, vous auriez dû accepter mon dépôt, surtout pour un misérable *scarabus* assorti d'une modeste bouteille de gnôle! En termes clairs, comme vous avez refusé, sans motif légitime, mes objets en dépôt, alors il n'y a plus de limitation pour le remboursement. Ça va raquer! Poursuivons les réjouissances... L'alinéa 2 était croustillant, l'alinéa 3 est carrément délicieux: «Dans tous les autres cas, les dommages et intérêt dus au voyageur sont, à l'exclusion de toute limitation conventionnelle inférieure, limités à l'équivalent de 100 fois le prix de location du logement par journée, sauf lorsque le voyageur démontre que le préjudice qu'il a subi résulte d'une faute de celui qui l'héberge ou des personnes dont ce dernier doit répondre.» Attendez, ne défaillez pas tout de suite sans avoir pris connaissance de ce bel **article 1954, alinéa 2**: «Par dérogation aux dispositions de l'article 1953, les aubergistes ou hôteliers sont responsables des objets laissés dans les véhicules stationnés dans les lieux dont ils ont la jouissance privative à concurrence de 50 fois le prix de location du logement par journée.» Et décidément, pour vous, c'est vraiment la scoumoune puisque les articles 1952 et 1953 ne s'appliquent pas aux animaux vivants. Or, comme vous le savez, mon *scarabus* était bel et bien refroidi depuis fort longtemps. Paix à ses antennes!

— Foi de Cochonellien, avions jamais vu un emmerdeur pareil. C'est bizarre, mon beauf' qui tient un routier sympa, a été récemment agressé par un malade de votre espèce, l'est devenu complètement dingo. Étions pauvre hôtelier malade... Pitié, avions femme, enfants, grands-parents, veaux, vaches, cochons...

— Je me fiche que vous éleviez des grands-parents et que vous entreteniez une vache, moi, je porte plainte et je passe à la caisse...

Le soir, ravi, au lit, je rumine mon dernier coup de matraque destiné à notre ami qui doit déjà être parvenu à son quinzième Tranxène de la soirée. J'ai ouï dire que des emmerdeurs à la limite de l'escroc pratiquent la subtile différence entre le pénal et le civil : le droit civil est la branche du droit qui régit les rapports des particuliers entre eux, sur le plan individuel (x contre y), sur le plan familial (x adopte y), et sur le plan pécuniaire (x achète, x est créancier). Il régit l'ensemble des rapports familiaux et patrimoniaux qui se forment entre les individus. Le droit pénal, lui, définit les infractions (contraventions, délits ou crimes) et en organise la répression. Il régit les rapports entre la société et les particuliers.

Je décide donc, tard dans la douce nuit de Cochonel (quel charme étrange venu d'ailleurs !) de quitter ce maudit établissement sans payer, en sachant bien qu'ayant auparavant versé des arrhes, le tavernier, déjà bien accablé par ailleurs, ne pourra me poursuivre que civilement : je ne serai que son débiteur et ne craindrai pas un éventuel procès du tavernier afin de récupérer les quelques dizaines de francs que je lui dois. Un sacré pied de nez, garanti sans risques, dans n'importe quel cas, que vous soyez au *Magnific* de Cochonel ou au *Bellevue* de Favalas-les-Flots.

Je m'envole donc, vers les trois heures du matin. Ne croyez pas que je regrette un instant le martyre que j'ai fait subir à cet individu... Non, j'ai simplement la nostalgie de mon *scarabus* et de ses petites pattes velues...

Chapitre 6

OÙ L'ON OBSERVE EFFARÉ LE HÉROS EMPLOYER DES MOYENS EXTRÊMES À L'ENCONTRE D'UNE INNOCENTE FAMILLE ARMÉNIENNE, CERTES PAR TROP BRUYANTE, DÉBOUCHANT SUR UN SUICIDE COLLECTIF PAR DÉFENESTRATION, D'UNE VIOLENCE INSOUTENABLE

Je méprise les enfants qui passent leur temps à hurler comme des porcs qui partent à l'abattoir. Qu'il est énervant d'entendre ces ignobles beugler toute la sainte journée. Non, mais...

Excusez-moi, je me laisse quelque peu emporter. Mais, dans le fond, je sais que je ne suis pas le seul à éprouver de la jouissance en emmerdant les nourrissons. Infâmes baigneurs au langage débile : « GnaGna... Beuuuu... CrotCrot... » à rendre intelligent le plus stupide des footballeurs professionnels.

Ils ont tous les droits, on leur pardonne tout. Je dis non. Halte à la dictature de ces envahisseurs en couche-culotte.

Pourquoi attaquerais-je mes voisins quand le son de leur radio produit cent décibels, alors que j'éprouverais de la compassion pour leur petite larve qui produit, parfois, jusqu'à 120 décibels, le soir après 22 heures. À faire exploser le plus endurci des tympans !

Comment les puéricultrices tiennent-elles le coup ? Sans doute, sont-elles profondément masochistes pour tolérer ces constantes agressions au bien-être.

Le bruit. Hélas ! les gosses ne sont pas les seuls maîtres en ce domaine. Examinons de plus près le cas de mon jeune voisin Marcel. Dix-huit ans d'abrutissement au son des guitares saturées de *Assez d'essais*, célèbre chienlit de tendance hard-rockeuse, et voilà notre puceau de Marcel enfourchant son « Gitane Testi », les santiags en bataille, la cigarette de drogue aux lèvres, le « père Fecto » passablement râpé, les cheveux gras et gominés, pour se donner une contenance, fredonnant, à qui veut bien l'entendre : « Je n'ai besoin de personne sur ma Marcel Davidson... » Une caricature ! Cet imbécile de Marcel, croyant impressionner les minettes du quartier, a entrepris de percer soigneusement le pôt d'échappement de sa pétrolette. Boucan infernal. Boule Quiès. Marcel exultant. Minettes humides. Un Le Pénible excédé. C'est le petit pôt qui fait déborder le vase, Marcel est à cent lieues de se douter de ce que je lui réserve.

— Ratatata... Ratatata... Rarararararara !!!

— Bonjour mon petit Marcel. Elle fait un sacré bruit ta mobylette ! Champion !

— ... Ratatat... Ratatata... RarararTatata-Raaa !!!

— Tu sais, mon petit Marcel, ce bruit me gêne beaucoup. Tu n'es pas sans savoir que les **articles R239 et R278-7 du Code de la route** précisent que : « Toutes modifications illégales apportées au dispositif d'échappement silencieux d'un véhicule sont punies d'amendes ou de peines de prison. » Tu ne veux pas aller en prison, mon bon Marcel... Ça me ferait de la peine, je t'ai connu tout bambin.

— Râââââtaââââtaâââ... râââ... rrrrrr... âââââ... ââ... â... (silence)... Ben M'sieur L' Pénible, z'avez les plombs d' la tête qu'ont pété ?

— Tu vois ton jouet d'enfant, consistant en une planchette montée sur deux roues et munie d'une tige de direction articulée, moteur en sus (patinette) ? Ben, dans quelques heures, il va se retrouver orphelin d'un jeune ringard contre qui je vais porter plainte au commissariat de police le plus proche. Ta trottinette, ils vont l'expertiser, la fouiller, la mettre en pièces, la dépecer pour finir par l'empailler à destination du musée de la maréchaussée. Prends-la vite en photo, parce qu'après leur manège tu la reconnaîtras plus. Une vraie boucherie !

— Kesta, bille de clown ? J' vais te fout' un coup de boul' dans la chetron, t' vas regretter d'être né, gros p... !

— Mon petit Marcel, tu aggraves considérablement ton cas, car, si l'on se réfère à l'**article R.348 du Code pénal**, les tapages dits « injurieux », pouvant se produire de jour, sont lourdement réprimés. Il peut s'agir d'une injure à un particulier (« salaud, connard, merdeux »...) ou à la tranquillité publique (défilé...). En outre, le même article punit les auteurs ou complices de bruit, tapages ou attroupements injurieux ou nocturnes troublant la tranquillité des habitants. Ne me remercie pas. Entre voisins, on peut toujours s'entraider... Je t'apporterai des livres cochons illustrés afin d'adoucir les affres du passage post-pubère.

Marcel en est déjà à sortir sa chaîne de pétrolette et son cran (d'arrêt), écumant de rage, bavant. De mon côté, je rédige avec le plus grand soin la plainte concernant les regrettables incidents dont le jeune blouson noir s'est si maladroitement rendu responsable. Au fil des pages, j'imagine le lecteur de plus en plus impressionné et admiratif face à mes exploits de Rambo urbain démontrant majestueusement que, dans nos sociétés civilisées, la véritable force n'est plus physique mais bel et bien morale. Tant pis pour Messieurs Rambo et Schwarzenegger...

Outre les enfants, j'ai une véritable phobie du voisinage. Imaginez alors ma réaction face aux enfants de voisins. Je suis un malade du bruit, le moindre grattement de souris dans le mur me fait bondir, j'ai le sommeil léger et ne supporte pas qu'on viole mon silence de vieux célibataire.

En revanche, j'apprécie la fréquentation de la famille Duboucan, de braves immigrés arméniens. Monsieur Duboucan est plombier-zingueur. Quant à Madame, elle est vendeuse dans une quincaillerie. Les Duboucan contribuent au peuplement de la France : pas moins de huit héritiers se disputent chaque soir le croûton de pain quotidien. Délice suprême, ils le trempent dans la soupe. Cérémonial accompagné de moult bruits de succion et de déglutissement, et ponctué d'ineffables : « La vie est dure, hein, femme ! Pour sûr ! *Cogito quiquid corigere es nefast cave canem !* » du pater familias.

Pour corser le tout, Poilodan, 9 ans, le petit dernier (dont le nom typiquement arménien ne figure dans aucun calendrier de saints car le jour du recensement canonique, son propriétaire s'était brusquement éclipsé afin de faire soigner une mauvaise molaire) a décidé de s'exercer à la difficile pratique du cornet à piston (reçu en héritage du grand-père Padarjan). Malheureusement, Poilodan n'ayant pas le don de son illustre patriarche, l'étude de son instrument provoque de terribles averses et suscite les nuits de pleine lune des cauchemars à faire frémir le comte Dracula reposant dans un cercueil Leclerc.

Imaginez la bande-son d'*Apocalypse Now* mixée aux cris d'extase de la célèbre porno-star Ginette l'Enrouleuse en pleine action avec un canard de Barbarie. Damnation ! Les infernales répétitions de ce jeune cornichon de Poilodan n'ont que trop duré. Malgré l'estime que je dois à cette courageuse famille de travailleurs (en situation irrégulière), je me vois dans l'obligation d'intervenir, afin d'entretenir ma vocation d'emmerdeur...

21-06-1987. 21 h : Paris. Quelques heures avant la Fête de la Musique. Cette fois-ci, je me sens une âme de poète. Je prends ma plus belle plume, une feuille au doux grammage — à défaut de plumage — et rédige une lettre recommandée avec avis de réception pour « bruits de voisinage ».

« Monsieur Duboucan,

Je suis, ainsi que je vous l'ai déjà indiqué verbalement, particulièrement perturbé par les bruits importants provenant de votre tanière malodorante.

Ces nuisances consistent notamment en bruits de cornet à piston, instrument réputé générateur de décibels.

Je tiens à vous rappeler, Monsieur Duboucan, que l'**article 102-4, alinéa 1, du Règlement sanitaire départemental,** prévoit que :

“Les occupants de locaux d'habitation ou de leurs dépendances doivent prendre toutes précautions pour que le voisinage ne soit pas troublé par les bruits émanant de ces locaux, tels que ceux provenant de phonographes, magnétophones, appareils de radiodiffusion et de télévision, instruments de musique (voilà notre cornet à piston!), appareils de musique, appareils ménagers, ainsi que ceux résultant du port de souliers à semelles dures (fort prisées des ménagères arméniennes, je le crois), ou de la pratique d'activités ou de jeux non adaptés à ces locaux."

Les contrevenants à ces dispositions s'exposent à une amende de 80 à 160 F, qui peut être portée à 600 F en cas de récidive.

En outre, lorsque cette cacophonie se produit la nuit, soit entre 22 heures et 7 heures, elle constitue à l'encontre de leur auteur la contravention de tapage nocturne prévue et réprimée par l'**article R34-8 du Code pénal.**

À de nombreuses reprises, et notamment dans une circulaire du 25 août 1976, le ministre de l'Intérieur a rappelé aux préfets la nécessité de lutter efficacement contre les bruits dans l'habitation et leur a demandé de dresser systématiquement procès-verbal contre les fauteurs de désordres.

À titre indicatif, je signale à votre attention le verdict rendu le 23-12-1980 par la Cour de Lyon, Rép. Not. nº 18 du 30-09-1983, p. 1174 qui a sanctionné les bruits d'un cornet à piston joué par un enfant de 11 ans, 30 minutes par jour.

C'est pourquoi je vous demande, par la présente lettre recommandée avec accusé de réception, de bien vouloir prendre toutes les mesures qui s'imposent pour qu'il soit mis un terme définitif aux agissements de votre Mozart à piston.

Dans la négative, si Poilodan devait persister à ne pas respecter la réglementation existante, je serais alors contraint d'introduire une procédure à votre encontre. Compte tenu de la précarité de votre situation sur notre beau sol de France, je ne saurais que trop vous conseiller de m'éviter le recours à cette extrémité.

Je vous prie de croire, Monsieur Duboucan, à l'assurance de mes sentiments distingués. »

ALBERT LE PÉNIBLE.

Note aux lecteurs : j'ai utilisé le procédé de la lettre recommandée avec avis de réception ; lorsque les démarches amiables, pour obtenir de votre voisin qu'il prenne les précautions élémentaires précitées, n'ont pas abouti, il convient alors de lui adresser une telle lettre afin de lui confirmer par écrit les précédentes démarches et la nature de tous les bruits incriminés, l'informer de la réglementation qui protège vos droits à la tranquillité, le mettre en demeure de prendre des précautions sous peine, à défaut, d'introduire une procédure à son encontre.

22-06-1987. 9 h 30 : café du coin. Je déguste mon petit déjeuner en dévorant des yeux mon journal favori.

L'actualité est particulièrement fournie ce matin et les titres en disent long sur la grandeur de la nature humaine...

Boxe : « Bain de sang à Las Vegas : Joe Macho achève Angel Face ! »

Politique étrangère : « Reagan, cancer d'adieux au Madison Square Garden. »

Faits divers : « Suicide collectif rue du Faubourg-Saint-Antoine : au bord du gouffre, une famille arménienne se jette par la fenêtre du 8e étage, selon une coutume ancestrale de leur pays ! Le reportage, haut en couleur, de notre envoyé spécial Guy Purée, en page 12. »

Je referme paisiblement le journal, avale avec délice une dernière gorgée de café. Que la vie est belle ! Désormais, les Duboucan ne m'embêteront plus.

W. C. Fields, mon maître, a déclaré : « Un homme qui déteste les chiens et les enfants ne peut pas forcément être mauvais. » Grande maxime que j'ai fait mienne et qui m'incite à mépriser, outre les nourrissons braillards, ces mammifères domestiques de l'ordre des carnassiers appartenant à la famille des canidés (le *Fidus boulettum*) bouffeurs d'os et souilleurs de trottoirs de surcroît.

Dès que j'aperçois dans la rue un de ces maudits clebs, je ne peux m'empêcher de lui botter le derrière. Tous les chiens m'agacent : les blancs, les noirs (surtout les noirs), les bâtards, les pure-race, les grands, les balaises, les microscopiques, enfin, tout ce qui bave, mord, hurle et vous regarde avec l'air abruti caractéristique de l'obsédé sexuel affamé.

Avant de poursuivre mon récit, il faut tout de même vous signaler que la fenêtre de mon salon donne sur l'agréable cour pavée intérieure de mon immeuble.

Tout cela, depuis la fin tragique des Duboucan, serait idyllique si l'aspect charmant du lieu n'était troublé par l'ignoble Grokiki, imposant berger belge. Quatre ans de méchanceté, de bêtise, ne venant déguster son os qu'en étant invectivé par d'innombrables « une fois ! », hurlant à la frite les nuits de pleine lune et aux moules le restant de l'année. C'est insupportable. De plus, la bête dégage une odeur fétide.

Excédé par ses aboiements incessants, j'ai pour habitude de lancer quotidiennement à l'adresse de l'animal, depuis ma fenêtre, quelques seaux d'eau, histoire de lui remettre les idées en place. Évidemment, le fauve se calme alors quelques minutes, lèche son poil mouillé, et l'opération séchage achevée, reprend sa longue plainte solitaire.

Encouragé par le dénouement de l'affaire Duboucan, tel un Baudelaire de l'emmerdement, je reprends ma plume et laisse voyager ma main, entre les pleins et les déliés, au gré de mon inspiration.

Monsieur Pâtépour, propriétaire de Grokiki, à l'image de son chien, va en baver...

«Monsieur Pâtépour,

Je suis gravement incommodé par les aboiements excessifs de votre Grokiki, ainsi que par l'odeur infernale qu'il dégage. Tout ceci trouble particulièrement mon bien-être et ma tranquillité.

Je tiens à vous rappeler que l'**article 102-5 du Règlement sanitaire départemental** prévoir que:

"Les propriétaires et possesseurs d'animaux sont tenus de prendre toutes les mesures propres à préserver la tranquillité des voisins.

Les contrevenants s'exposent à une amende qui peut être majorée en cas de récidive.

En outre, lorsque les bruits se produisent la nuit, soit entre 22 heures et 7 heures, ils constituent à l'encontre de leur auteur la contravention de tapage nocturne et réprimée par l'article R34.8 du Code pénal."

Je vous demande, par la présente lettre recommandée avec accusé de réception, de bien vouloir prendre toutes les mesures qui s'imposent pour qu'il soit mis un terme définitif aux bruits et odeurs de Grokiki.

Concernant ce dernier point, j'estime qu'une bonne douche parfumée suffira amplement, à condition qu'elle soit renouvelée aussi souvent que nécessaire.

Dans la négative, si vous deviez persister à ne pas respecter la réglementation existante, je serais alors contraint d'introduire une procédure à votre encontre.

Je vous prie de croire, Monsieur Pâtépour, à l'assurance de mes sentiments distingués. »

ALBERT LE PÉNIBLE.

Naturellement, je conserve le double de cette lettre recommandée, avec l'avis de réception du destinataire (Monsieur Pâtépour), qui me seront bien utiles et viendront éventuellement s'ajouter aux correspondances antérieurement échangées.

Il m'est cependant nécessaire de compléter ces documents par des attestations qu'il convient de faire établir par toute personne de mon entourage qui, s'étant rendue à mon domicile, pourra relater par écrit l'existence et la nature des nuisances. Mon voisin, Raoul Duschlingue, pince à linge sur le nez, s'est fait un plaisir de constater l'inconvénient du manque d'hygiène élémentaire du brave Grokiki. De son côté, mon cousin Jean Tamplu, sourd comme un pot, a malgré tout décelé et confirmé les solos beuglants de notre Grokiki... Dossier de preuves accablant dont voici un morceau choisi :

« Je soussigné, Tamplu Jean,
demeurant 24, rue Paul-Lesourd à Orly-Ville,
né au Bourget,

profession : épicier, cousin d'Albert Le Pénible, certifie l'exactitude des faits ci-après pour en avoir été le témoin direct : j'étais le 12 octobre dernier invité par mon cher cousin Albert. La journée fut fort perturbée par les aboiements intempestifs du chien de Monsieur Pâtépour, voisin de mon parent. Malgré mon handicap, j'ai malgré tout été gêné par les hurlements de Grokiki.

Passablement enrhumé ce jour-là, je ne peux me prononcer quant aux odeurs nauséabondes dégagées par la bête.

Je délivre la présente attestation à Monsieur Le Pénible et je suis informé du fait que celui-ci se réserve le droit de la produire en Justice dans le procès qu'il pourrait engager contre Monsieur Pâtépour.

J'ai parfaitement connaissance de ce qu'une fausse attestation de ma part m'engagerait à des sanctions pénales.

Fait à Paris, le 12 octobre 1988.

JEAN TAMPLU (signature). »

J'invite mon cher cousin à joindre photocopie de sa carte d'identité à ce document. Néanmoins, je vais utilement compléter ce dossier de preuves par un ou plusieurs constats d'huissier de Justice. Je penche pour la nostalgie et prends rendez-vous avec mon ami Maître Corbeau (Vous vous souvenez ? L'épisode de mon mariage...), afin qu'il se rende chez moi, constate les nuisances et rédige son procès verbal : « Pestilence... Hurlements agressifs... Aboiements divers... Gêne considérable... Pas de plaisir... Bien-être foutu... Crise de nerfs... Vie massacrée. »

12-10-1988. 17 h 30 : guichet de la poste.

J'envoie ma lettre recommandée à destination de Monsieur Pâtépour.

15-10-1988 : chez moi.

Grokiki hurle de plus belle et empeste un maximum, sans doute du fait de son dérangement intestinal soudain.

Ne constatant aucune amélioration, il convient alors, avec mon dossier de preuves, d'introduire une procédure devant le tribunal d'instance compétent.

16-10-1988 : greffe du tribunal d'instance.

Je fais citer le bruiteur en vue d'une tentative de conciliation. J'explique au président les nuisances occasionnées par Grokiki et lui présente les preuves déjà rassemblées.

Extraits de l'audience :

— Vot' Honneur, n'écoutez pas ces allégations ! Mon Grokiki est sage comme un mage et j' lui mets du sent-bon « Chienel n° 5 » tous les matins. Ça est honteux d' martyriser une pauv' bête si sensible ! Une fois !

Étant donné la mauvaise foi évidente du Pâtépour (chien qui s'en dédit...), toute conciliation semble compromise. C'est pourquoi, j'établis une citation aux fins de jugement et la fais délivrer à Pâtépour, par un huissier de Justice, 15 jours avant la date d'audience prévue le 2-11-1988.

2-11-1988 : tribunal d'instance. Audience. Affaire Le Pénible/Pâtépour. Objet : Grokiki.

Après avoir brillamment plaidé ma cause, je demande réparation du préjudice par la condamnation du citoyen Pâtépour à me verser des dommages et intérêts dont le montant pourra aller jusqu'à 10 000 F. Me fondant sur la décision du tribunal d'instance de Nogent-sur-Marne confirmée par la cour d'appel qui a reconnu le préjudice subi du fait des aboiements excessifs d'un chien, a condamné le 26 septembre 1978 la propriétaire de l'animal à verser 2000 F à ses victimes.

Ma plaidoirie achevée, le tribunal délibère et rend son jugement.

« *Le Tribunal* :

Attendu que Monsieur Le Pénible apporte la preuve des aboiements incessants du chien de Monsieur Pâtépour et ce depuis de nombreux mois ;

— Attendu que le plaignant présente le constat de Maître Corbeau, huissier de Justice, confortant les faits ;

— Attendu que le bruiteur déclare avec insistance que : "Grokiki est sage comme une image et doux comme un agneau" ;

— Attendu que le sieur Pâtépour fait plaisamment remarquer au tribunal que son "Grokiki est parfumé comme Marilyn Monroe" ;

— Attendu qu'il résulte des divers documents produits que le Grokiki de Monsieur Pâtépour sent effectivement mauvais causant bien un trouble de voisinage ;

— Attendu qu'il convient, vu les efforts présents de Monsieur Pâtépour, d'évaluer à 8 000 F le préjudice subi par Monsieur Le Pénible.

Par ces motifs :

Le Tribunal, statuant publiquement, contradictoirement et en dernier ressort :

— condamne le citoyen Pâtépour à payer à Monsieur Le Pénible la somme de 8 000 F avec intérêts de droit à compter de l'assignation ;

— condamne Monsieur Pâtépour à désinfecter son Grokiki ;
— condamne Monsieur Pâtépour à adopter une autre marque d'eau de toilette pour parfumer son Grokiki, "Chienel n° 5" s'étant révélée particulièrement inefficace ;
— condamne aux dépens Monsieur Pâtépour. »

— M... Mais... Vot' Bonté... Vot' Majesté... Étions bon voisin... Avions bon Grokiki... Sire... Pitié... Avions envie... Warf Warf ! Étions chien... Devenu sale cabot ! Pipi réverbère ! Warf ! Warf !
C'est quand deux infirmiers en blanc ont emporté Pâtépour, à quatre pattes, écumant, tirant la langue, levant la jambe sur le pupitre du président du tribunal, que j'ai compris avoir enfin gagné la paix totale... Je suis un vrai chien !

Le propre des familles provenant de ce chaud pays qu'est le Portugal, est de posséder un organe vocal particulièrement développé. Les Bordelos s'en donnent à cœur joie toute la sainte journée, ainsi qu'une bonne partie de la soirée quand Miguel, le « chef » de la tribu des Bordelos, ivre-mort de porto, rentre en éructant les premières mesures de l'hymne national portugais... Habituellement, ces réjouissances s'achèvent par une mémorable scène de ménage, dont les dialogues, dignes des pantalonnades de Labiche, auraient été revus et corrigés par une Linda de Suza qui aurait appris notre belle langue avec un charretier mal embouché.
— Puta !
— Cabrao ! Paneleiro ! (Censuré)... Ordinario ! (Recensuré)... Impuisson ! Tou vois la vaisselle ? ? ? Tou vas la prrrondrrre sur la cabeza !

Vacarme, bruits de vaisselle cassée, gueulantes, bouteilles de porto brisées sur le crâne, gémissements plaintifs, hurlements de douleur, comas éthylique, calme plat jusqu'au café-porto du lendemain matin. Parfois les *niños* sont de la fête, braillards endiablés, et apportent une touche de tendresse enfantine à cet impitoyable tableau.

— Lé nino pissa sur la carpett' !!! Puo !

— Ouiiiin ! Ouiiiiinnnn ! Pisso ! Pisso !

Les Thénardier en pâliraient de jalousie, et le martyre de la petite Cosette passerait pour une franche rigolade comparé à la chienlit des Bordelos !

Un rapide pédigrée du troupeau restituera précisément les rôles.

Bien évidemment, Conchita Bordelos, la mère, fait des ménages. Elle n'a pas son pareil pour annoncer, telle Sarah Bernhardt dans *l'Aiglon*, un magnifique : « La Madame, elle est pas là ! »

Le père, Miguel Bordelos, outre ses activités nocturnes de fin portologue, exerce le beau métier d'artiste voltigeur au Cirque Zampa. Admirez-le, revêtu de son bel habit de lumière, paradant de ses mille feux, tout fier quand Môssieur Zampa, lui-même, annonce : « Attention les z'enfants ! Vous l'attendiez tous dans son grand numéro de trapèze aérien, à 72 cm du sol et sans filet... Après son triomphe à La Motte-Beuvron, après les délires de Cochonel-Port-en-Mer, voici venir l'impayable, le formidable, l'inimaginable, l'incommensurable !! On applaudit très fort le Grand Bordelos ! Oh là là là là là !!! »

Généralement le numéro du Grand Bordelos se réduit, à la plus grande satisfaction du public, en un magnifique vol plané qui s'achève les quatre fers en l'air et le derrière enfoncé dans la sciure de la piste...

La fille aînée, la jeune et belle Linda a hérité de la souplesse acrobatique de son père, et monnaye ses talents rue Saint-Denis..

N'oublions pas Alfonso, Gaspacho, Miguelino, les affreux rejetons des Bordelos... Lourde hérédité!

J'en ai ma claque de ce cirque et décide d'attaquer fort.

15-09-1988. 18 h 30 : pallier du 6e étage. Pas-de-porte des Bordelos.

Coups de poing frénétiques contre la porte. Rien. À travers la cloison, je constate que les Bordelos et leur clown de père, n'ont rien perdu de leur légendaire entrain. Ça hurle toujours autant, ça casse, ça rie, ça pleure... Bref, des Bordelos en pleine forme. Afin de voir ma requête aboutir, je hausse résolument le ton : « Bordelos, sortez de votre tanière immédiatement! C'est Le Pénible, votre voisin du dessous! Ouvrez, j'ai les moyens de vous faire taire! Moi! »

Timidement, la porte des Bordelos s'ouvre et me fait découvrir un véritable chantier à côté duquel Verdun ferait figure d'aire de repos. Avec ce qui lui reste de lucidité, le Grand Bordelos me scrute...

— Cher Bordelos, vous tombez sous le coup de l'**article R34.8 du Code pénal** qui punit, entre autres, le tapage nocturne, du coucher du soleil jusqu'à son lever, c'est-à-dire tout bruit présumé troubler la tranquillité des habitants. De plus, sachez, Bordelos, que des époux aux scènes de ménage trop bruyantes ont été condamnés (Cass. Crim. 21 juillet 1870, DP 1872.3.431). Si vous ne voulez pas avoir d'ennuis avec la Justice, je vous suggère fortement de stopper là votre hystérie collective. On est chez des gens civilisés ici, ne l'oubliez pas je ne veux plus entendre un murmure, un seul bruit de bouteille, sinon je porte plainte !

Porte claquée.

Un mois après, je savoure le succès de ma manœuvre d'intimidation. Les Bordelos sont on ne peut plus calmes, au grand dam du marchand de porto du coin. Je jouis du silence retrouvé.

Mais quelle n'est pas ma surprise de découvrir, au coin d'une rue, une affiche du cirque Zampa : « Cirque Zampa, encore plus sympa, avec le Grand Bordelos, célèbre mime de réputation mondiale ! »

Mon pauvre Bordelos, il ne te manque plus que la parole !

Pour clore mon témoignage sur les bruits, je réservais pour la bonne bouche l'histoire des Ducoït, d'un érotisme frôlant parfois la pornographie.

Les Ducoït, mes voisins de palier, sont malheureusement au chômage. Pour tromper leur ennui, Catherine et Ernest Ducoït, les deux infâmes, pratiquent quotidiennement la fornication à outrance. On croirait les entendre s'entraîner pour une quelconque compétition olympique. Mais quand dorment-ils ?

J'ai l'impression d'être en permanence branché sur un Canal Plus qui ne nécessiterait pas de décodeur. Trop c'est trop. Il faut faire cesser cette continuelle atteinte à l'ordre moral et je décide d'intervenir. Reproduire l'espèce : d'accord, mais en silence SVP !

Entre deux assauts, je vais leur faire part de mon indignation... Monsieur Ducoït m'ouvre la porte, dans un état que la décence de cet ouvrage m'interdit de préciser davantage. Madame est étendue sur le dos sur la table de la cuisine. Nue.

Monsieur Ducoït s'écrie en me voyant :

— Eh, chérie, v'là du renfort !

— Non, Madame Ducoït, réponds-je, je ne suis pas celui que vous croyez...

Tout en maugréant, je découvre leur intérieur qui ferait tousser le ministre du même nom : posters *hard* accrochés aux murs, gros plans suggestifs, cochonneries en tout genre, journaux licencieux éparpillés à même le sol au milieu de divers accessoires en caoutchouc.

J'enrage, peste, et prenant conscience de l'incommunicabilité qui nous sépare, lance ma terrible phrase assassine : « Je porte plainte ! »

Je laisse à la presse le soin de conclure cette affaire. Le *Gratin de Paris*, daté du 15 mai 1988 :

« Orgies condamnées :

Un chômeur de trente ans, Ernest Ducoït, ainsi que sa femme Catherine, 25 ans, habitant rue du Faubourg-Saint-Antoine à Paris ont été poursuivis mercredi après-midi devant le tribunal de police pour infraction à l'article **R34.8 du Code pénal.**

Le plaignant, Albert Le Pénible, est venu dire à l'audience que le ménage Ducoït faisait trop de bruit, particulièrement quand il faisait l'amour.

— On ne peut plus parler d'amour bruyant, lancera l'avocat Me Pudeur, c'est de l'amour en vache !

Inutile de décrire l'atmosphère qui régnait dans la salle d'audience où même les magistrats avaient du mal à garder leur sérieux.

La plaidoirie de Me Vice, conseil des prévenus, allait d'ailleurs porter l'hilarité à son comble dans le prétoire.

— Au fond, c'est toute l'affaire. Il y a un triomphe que l'on pardonne difficilement et qui rend jaloux. Pourquoi chez eux et pas chez moi ?

Pourquoi lui et pas moi ?... C'est vrai, il y a des bruits qui font naître des envies, et si l'on ne peut les satisfaire, on devient hargneux.

Le président, les assesseurs, les substituts ont du mal à ne pas suffoquer. Le prévenu, un brin « macho », affiche une satisfaction évidente. Son épouse, vêtue d'un chemisier transparent, et largement échancré, ne laissant rien ignorer de son anatomie, regarde avec gourmandise le public... On attend le jugement dans la plus parfaite décontraction. Il viendra sous forme symbolique : 500 francs d'amende avec sursis et un franc de dommages et intérêts.

MICHEL GROGOUMY. »

Épilogue : finalement, tout le monde est content. J'ai la paix et les Ducoït ne sont plus des « sans travail » car un producteur de films pornos traînant ses guêtres dans la salle d'audience, subjugué par les performances du couple, leur a proposé un mirifique contrat et l'assurance du prochain Phallus d'Or au festival de Pont-Aven.

Chapitre 7

OÙ NOTRE HÉROS APPARAÎT PLUS VICIEUX QUE JAMAIS, FUSTIGEANT AUSSI BIEN UN ÉPICIER DE LUXE QU'UN GÉRANT DE MAGASIN POPULAIRE, PROUVANT AINSI QUE LES EXTRÊMES FINISSENT TOUJOURS PAR SE REJOINDRE DANS LA DOULEUR

Je suis un total épicurien. Je considère la vie trop courte pour la passer tristement et médiocrement. Pour les plaisirs de l'esprit, j'emmerde mes contemporains; pour les autres, je cherche toujours ce qu'il y a de meilleur. Mon appartement est meublé avec goût: insectes morts accrochés au mur, tableaux pompiers un tantinet naïfs, meubles cent pour cent formica, canapé de chez *Crade Salons* acheté en solde, chaîne stéréo avec des voyants partout, quelques magnifiques objets d'art en plâtre gagnés dans des tombolas («Et pour monsieur, ce sera une superbe sirène en plâtre... Oui, messieurs, entièrement nue, qui trônera majestueusement sur votre cheminée!»).

Comme tout bon gentleman emmerdeur, je m'habille avec goût. J'écarte systématiquement les matières synthétiques tout juste bonnes à accueillir les transpirations populaires (« Plus c'est pauvre, plus c'est con. » Karl Marx).

Chic, classe, bon goût et emmerdement : tels sont les motifs qui m'animent.

Quand je ne m'offre pas le plaisir d'emmerder un restaurateur, et aussi souvent que je le peux, je vais rendre une petite visite au traiteur. Cherebouf est mon favori.

Comment peut-on supporter les « néfastes foudes » quand on a goûté aux délices de Cherebouf ? Attention : je dis bien goûter, sans qu'il soit un seul instant question de débourser le moindre kopeck. Cherebouf : c'est le Paris gourmet, caviar, foie gras, saumon rose, champagne et autres douceurs du même tonneau.

Je me souviens de mon enfance et sont restées gravées dans ma mémoire les vitrines alléchantes des traiteurs de Vichy, spécialisées dans les petits fours. Hélas ! les affres de l'Occupation ne me permettaient pas de satisfaire mes envies et, souvent, je rentrais à la maison, sous l'œil humide de ma maman, frustré et le ventre quelque peu gargouillant. En cachette, ma grand-mère me tartinait quelques grosses tranches de pain rassi recouvertes d'une mixture infâme et pompeusement appelée « confiture de coings ». Comparé à mon calvaire, les malheurs de Jean Valjean et de Maheu le mineur feraient figure de souvenirs de joyeuses vacances passées à boire, manger, jouer et aimer au Club Méditerranée. Durant cette période, chacun portait sa croix. C'est pourquoi, aujourd'hui, et avec l'aide de la loi, je rattrape un temps fichtrement perdu et me venge sur le dos de Cherebouf.

14-04-1988. 12 h 15 : place de la Religieuse. Cherebouf. Quel régal pour les yeux : les cailles sauce madère cohabitent avec les œufs d'ortolan, tandis que les gigots de chevreuil aux cèpes font les yeux doux aux fricassées de soles aux asperges. De l'autre côté du magasin, trônent les grands crus : bordeaux, champagne, bourgogne et autres merveilles œnologiques. Je commence à saliver sec et remarque un vendeur au faciès rebondi et jovial qui me sourit béatement.

— Monsieur désire ?

— Monsieur désire goûter...

— ...(Silence lourd de crainte).

— ... Monsieur désire goûter ce beau caviar iranien. Amenez-moi une cuillère. Une grande !

— Je signale à monsieur que Cherebouf est une épicerie fine, donc un vil commerçant. Ici, il est de coutume d'acheter et non de déguster au nez et à la barbe des bons clients qui font vivre la maison.

— Cher monsieur, vous semblez manifestement ignorer l'**article 1587 du Code civil :** « À l'égard du vin et de l'huile, et des autres choses que l'on est dans l'usage de goûter avant d'en faire l'achat, il n'y a point de vente tant que l'acheteur ne les a pas goûtés et agréés. » Je ne pense pas qu'une honorable maison comme Cherebouf souhaiterait se mettre en contravention avec la loi. Alors : une cuillerée de caviar, camarade traiteur, et vite !

— ... Parfaitement, monsieur. La maison va exceptionnellement exaucer votre vœu. Mademoiselle Gisèle, veuillez apporter à monsieur un ustensile de table composé d'un manche et d'une partie creuse, servant à manger les aliments liquides ou peu consistants... Une cuillère, quoi !

— ... Il est infect votre caviar, trop salé. Tenez, je vais plutôt essayer ces magnifiques œufs d'esturgeon soviétiques qui me semblent bien meilleurs que ce produit islamique. Cuillère maestro !

— ... Monsieur exagère...

— Monsieur respecte tout simplement la loi et monsieur n'a pas à subir de désagréables réflexions... Vraiment pas génial votre caviar... Qu'il soit soviétique ou de chez l'Ayatollah, il sent trop la marée...

— Monsieur dépasse les bornes !

— Non, monsieur va tout simplement discerner les saveurs de vos foies gras et en estimer la qualité, mon brave... Priez donc Mademoiselle Gisèle de s'enquérir d'une fourchette et d'un couteau en vue de l'accomplissement de ma tâche, que dis-je, de mon devoir de citoyen consommateur !

— Passe encore pour le caviar... Mais vous conviendrez aisément, monsieur, que la maison Cherebouf n'a pas, à ce jour, signé le moindre accord avec les Restaurants du Cœur. Il vous faut acheter maintenant.

— Vente forcée ? Manquait plus que ça ! Ça va mal se terminer cette histoire ! Si vous voulez éviter un quelconque scandale je ne saurais que trop vous conseiller de m'apporter un couteau, une fourchette et un morceau de foie gras. Je vois d'ici les gros titres de la presse à scandale : « Cherebouf : un brave citoyen maltraité chez le traiteur ! » Vous savez qu'ils sont aussi friands de ce genre d'affaire que je le suis moi-même de foie gras !

— C'est étrange, on parle d'une légende chez les commerçants. Une histoire à dormir debout : un personnage fantasque s'amuserait à faire craquer les honnêtes gens qui font du commerce leur profession. Tous les coups lui sont permis, il a réponse à tout et, telle l'hydre abjecte à plusieurs têtes, il réapparaît là où on l'attend le moins ! Un vrai démon. J'y croyais pas jusqu'à ce que mon cousin, hôtelier à Cochonel, m'en ait rapporté un effrayant témoignage avant de s'engager dans la Légion... Voici couteau, fourchette, assiette, serviette, tranche de foie gras maison... Goûtez et dégagez!

— ... Pas avant d'avoir dégusté ce Brebis-Rothschild 1954. Veuillez vous munir de votre tire-bouchon et m'en servir une goutte... Merci... Pouah! Qu'il est mauvais votre pâté! En plus, ce Brebis-Rothschild sent diablement le bouchon... Tiens du saumon rose! Voyons ce qu'il a dans le ventre... Amenez-moi les couverts à poisson...

Pris d'une frénésie emmerdophile, je fais un véritable massacre. Dans un état de décomposition avancée, le vendeur s'exécute à mon moindre souhait, me servant pêle-mêle limande farcie, sabots de girafe à la graisse d'urus, rognons de gorille gratinés, cuisses de crocodile à l'ougandaise, bœuf en daube, magrets de canard à la Simenon, omelette norvégienne, forêt noire à la crème du chef, faisan aux petits oignons... Pousse-café, ventre plein, rôt magistral.

— Tout ceci ne me convient guère, lançai-je goguenard. Je vais vous acheter...

— Vous... Vous... Vous allez a-che-ter? Qu-quoi? Moi vendeur... Toi, mauvais sauvage... Toi acheter? Toi bon seigneur! Grand prince!

— ... Oui, je vais vous prendre un petit pain au chocolat. Rassurez-vous, brave manant, je vous ferai grâce du goût... Seulement quatre francs et cinquante centimes? C'est donné Cherebouf! Merci de me l'emballer, je le mangerai plus tard. J'ai plus faim.

— Tenez, effendi! Bon pain au chocolat... Miam! Z'êtes la légende! Z'êtes le maître! Allions faire plombier-zingueur dans le Larzac... Terminé la bouffe.

En ressortant du magasin, je suis soudain pris

d'une soudaine envie de faire pipi. Je me soulage sur la vitrine de Cherebouf, puisqu'aucune loi ne m'empêche d'assouvir un besoin pressant contre une maison, un édifice ou une clôture **(Code pénal, article E 30 § 8).**

Demain, je reviendrai me repaître chez Cherebouf. Leur nouveau foie gras sera sans doute meilleur que celui d'aujourd'hui !

15-04-1988. 10 h 45 : supermarché Diplodocus de l'avenue Jean-Aymar.

Laissez-moi vous décrire l'horreur qu'est le Diplodocus de l'avenue Jean-Aymar : caddies rouillés, caissières grosses, grasses et mal embouchées, clientèle plus que douteuse, pots de moutarde complaisamment renversés, tronches patibulaires des manutentionnaires (à flanquer des cauchemars à l'étrangleur de Châlons), et, pour finir, un gérant particulièrement répugnant, n'hésitant pas à faire intervenir un ancestral « droit de cuissage » auprès des pachydermiques caissières précitées. Un joli tableau ! Je m'en vais t'assainir cette porcherie qui tient lieu de supérette alimentaire. Je prends mon courage à deux mains, m'obstrue délicatement le conduit nasal, anesthésiant ainsi tout désagrément olfactif, et pénètre dans l'antre immonde muni de la panoplie du parfait petit consommateur : cabas rapiécé, bouteilles de Picratac consignées à rembourser (« Avec Picratac, vous serez d'attaque ! »), liste des provisions, calculette électronique.

Couloir... Rayonnages... Pour ce midi, j'ai envie d'un yaourt. Vous avez bien compris : d'*un* yaourt, au singulier. Que ferais-je de six yaourts alors que je n'en consomme qu'un tous les deux mois ? Un caprice. J'avise le rayon crémerie, saisit le maudit pack, casse l'ensemble afin d'en dégager un unique pot. Poursuivons les commissions... Papier hygiénique. Pack de douze. Un seul rouleau me suffit à la fois. Halte à l'escroquerie. Une fois de plus, je déchire rageusement l'ensemble et en extrait un de ces cylindres de papier parfumé à la violette... Continuons avec la mise en bière. Pack de six. Même motif, même punition : crac, *une* bouteille. Devant le caddy... J'étais dans mes intimes pensées quand, relevant la tête, j'aperçois Monsieur Prèdessessousovitch, refujnik de longue date, gérant notoire du non moins fameux Diplodocus. Furibard, Prèdessessousovitch m'apostrophe publiquement et, me désignant à la justice populaire (sans doute un conditionnement ethnique), me montre du doigt :

— Regardez, mesdames et messieurs, regardez le voleur ! Il a tout cassé les beaux packs de yogourts, de bière, de papière à cul ! L'a pas le droit de faire ça ! Guépéou, Guépéou, un dissident !

— Cher réfugié, il existe un droit français et notamment un Code civil quelque peu consistant. Celui-ci prévoit notamment, selon l'**article 37 de l'ordonnance du 30 juin 1945** relative à la liberté des prix et de la concurrence, qu'il est « interdit de subordonner la vente d'un produit à l'achat d'une quantité imposée ou à l'achat concomitant d'un autre produit ou d'un autre service ainsi que de subordonner la prestation d'un service à celle d'un autre service ou à l'achat d'un produit ». En conséquence, ami refujnik, décommandez la Guépéou et comptabilisez, au prix unitaire tel qu'il est réglementairement indiqué sur le rayonnage, mon yaourt, ma bière et mon rouleau de papier hygiénique. La vente par lot est strictement prohibée. Je vous ferai grâce des poursuites que je pourrais entamer à votre encontre pour subordination de vente et pour m'avoir fait passer pour un voleur, me causant un tort certain dans un quartier où j'ai toujours eu une bonne réputation. Combien vous dois-je ?

— Même au plus profond de la Sibérie, j'ai jamais vu de zouave pareil... Ici, y'a que des bons clients, des bons payeurs. Lots ou pas lots, y raquent ! Alors, moi j' vois pas pourquoi jé céderais à vos loufouqueries !

— J'ignore, ami refujnik, si ce sont vos séjours prolongés dans les mines de sel qui ont irrémédiablement endommagé votre encéphale... Savourez donc le pertinent **article 1602 du Code civil** qui prévoit que : « Le vendeur est tenu d'exprimer clairement ce à quoi il s'oblige. Tout pacte obscur ou ambigu s'interprète contre le vendeur. » Or, en beuglant vos idioties, vous constituez entre vous et moi un pacte obscur et ambigu qui tombe sous le coup de la loi. Je pourrais vous attaquer, j'ai des témoins. Vous avez voulu me tromper en prétendant que vous réalisez uniquement de la vente par lot, ce qui est formellement interdit. Alors, si vous voulez éviter que votre magasin ne soit souillé davantage qu'il ne l'est déjà, je vous prierais de me faire des excuses et de me communiquer ma petite note...

— Par Gorbatchev ! J'ai jamais vu ça... Je préfère les humiliations de mon pays plutôt que rester une seule seconde de plus en votre compagnie... Une bière à 3 F, un rouleau de PQ à 1,22 F et un yaourt à 2,45 F nous font...

— Ah ! J'oubliais, je voudrais aussi une boîte de cassoulet Lardon ainsi qu'un tube de dentifrice du Docteur Bellemolaire.

Ignoble Prèdessessousovitch ébranlé. Clients épatés.

19 h 45 : petit dîner de célibataire aux chandelles. Menu : cassoulet, yaourt, le tout arrosé de bière.

20 h 35 : soirée télé. Nouvelle émission de Frédéric Mitterrand, *Mieux vaut star que jamais*, dont le principe consiste à mettre en scène, dans un univers bestialement pasolinien, de jeunes débutantes bardées de cuir (telle Lova Lamour dans la douzième scène du chef-d'œuvre impérissable du grand cinéaste polonais Joseph Pornick, dont le leitmotiv artistique a toujours été d'approfondir le subconscient du comédien dans un état schyzophrénique latent où même la Mère Denis ne pourrait avoir d'autre choix que celui de s'écrier désespérément : « Ciel mon mari ! »), qui devront extérioriser leurs fantasmes à travers les quatorze épreuves du grand challenge *Mieux vaut star que jamais*, où même l'image de Dieu prenant un bain de siège pourrait devenir réalité grâce à la magie du 7e hard alliée à celle du déhanchement coquin et cocasse de notre invitée au décolleté follement excitant qui a su transcender avec génie nos nuits solitaires. *Fluctuat nec mergitur*, comme disait Charles Hernu en rencontrant le fantôme nu de Gabriel Garcia Marquez en pleine méditation conceptuelle sur l'étude des moyens immatériels...

22 heures : blabla terminé. Bâillement. Strictement rien compris, mis à part la contemplation de quelques apprenties-starlettes, poitrine nue, fesses à l'air, déclamant *les Femmes savantes* de Molière. Ah, ça ! Ils aiment ça le gars Poquelin à la télé ! Aïe ! J'ai un de ces mal au ventre... Allons nous brosser les dents.

22 h 02 : drame. En pressant le tube du Docteur Bellemolaire, la substance pâteuse dudit produit s'échappe, grâce à la complicité d'un vil défaut de fabrication, par l'arrière du cylindre, pour s'échouer lamentablement au fond de l'évier, maculant au passage mon pyjama « baroudeur kaki ». Prèdessessousovitch va entendre parler de moi dès demain matin, d'autant que son cassoulet Lardon, au contraire de son dentifrice, a vraiment des difficultés à descendre. Nuit au Tranxène (Tranxène 2, le matin), dents sales, Alka Seltzer pour soulager mon inconfort gastrique consécutif à l'ingestion des saloperies de ce traître de Prèdessessousovitch. Sommeil peuplé de cauchemars où se mêlent l'animateur Frédéric Mitterrand en soutane, conversant avec le pape, tandis que ce ladre de Prèdessessousovitch leur sert une infecte pitance, dont les restes nauséabonds sont lapés par le non moins infect Grokiki convié à l'orgie pastorale. Repoussant ! Je me réveille en nage, tremblant de tous mes membres, bien résolu à faire payer le responsable.

Prèdessessousovitch ne va pas tarder à supplier les autorités soviétiques de lui accorder l'asile dont elles ont le secret !

10 h 01 : ouverture du Diplodocus de l'avenue Jean-Aymar.

Prèdessessousovitch, comme à son habitude, invective son personnel féminin :

— Feignasses ! Viendrez en Russie ! ! Verrez les méthodes de travail employées là-bas. Mademoiselle Bellemiche ! Vous attend pendant la pause de 11 h 45 ! Tiens, v'là notre mal embouché d'hier... Il était bon mon cassoulet Lardon ? L'a fait de beaux rêves ? L'a dormi comme un agneau ?

— Prèdessessousovitch, mon vieux, vous avez fait une grave erreur : braver Le Pénible... Quand on est tout juste bon à installer des micros dans les ambassades occidentales, on ne choisit pas pour profession de nourrir les honnêtes Français. Si vous considérez qu'un infect bout de barbaque avariée, accompagné d'une multitude de flageolets pourris macérant dans un jus puant, garni d'un funeste morceau de « saucisse » que même le plus affamé des Palestiniens refuserait avec violence, puisse constituer un fin cassoulet dans votre pays, il n'en est rien sur notre belle terre qui est celle de Bocuse, Le Nôtre et autre Lasserre. Votre Lardon m'a fait rendre les tripes toute la nuit et le tube de dentifrice de ce charlatan de Bellemolaire s'est révélé bien peu étanche si l'on s'en réfère à ces vilaines taches sur mon pantalon de pyjama. C'est pourquoi, Prèdessessousovitch, vous conviendrez fort aisément, que je n'ai pas d'autre choix que celui de faire jouer l'obligation de garantie du vendeur, sur la base des **articles 1641 et suivants du Code civil**. Manifestement, le tube en question présente un vice de fabrication dû à une soudure insuffisante. Quant à votre poison en conserve, il s'agit sûrement d'un produit alimentaire corrompu et toxique. Je considère, qu'en me vendant cette saloperie, de la même façon que vous vendriez votre grand-mère en la faisant passer pour une jeune et jolie Slave, vous m'avez lâchement trompé. En conséquence, je vais saisir de ce pas le service de répression des fraudes sur la base de la **loi du 01-08-1905** sur la répression des fraudes et falsifications. Vous qui êtes fin psychologue, Prèdessessousovitch, croyez-vous que je doive me porter partie civile, afin d'obtenir des dommages et intérêts, pour de telles futilités ?

— ... Bééé... Entre braves gens civilisés... Blabla... Bonne compagnie... Blabla... Ma foi... Non... Étions gentlemen... Blabla... Prendre l'apéritif... Vous présenter ma femme... Prendre pied avec jolie caissière... Blabla... Boîte de tripoux Gerbou en prime... Merveilleux client... Beau pays, la

France... Soviétiques SS... Vous raccompagne... Ne se reproduira plus...

— Psychologiquement, votre dialectique ne tient pas la route. Vous pensez bien que je ne vais pas louper une pareille occasion de vous briser les reins. Je me porte donc partie civile !

— Blablabla... Pire que Staline... Blablabla... Verrez quand l'armée Rouge sera en France... Réouverture bagne... Blabla...

— Allons, fier Cosaque, un peu de dignité, cessez vos lamentations... Tenez, pour vous redonner un peu de joie de vivre, je vais quémander les services d'un expert afin d'engager contre votre personne et votre magasin un procès dont les retentissements se feront entendre jusqu'au plateau Youkaghir...

— À vos ordres, mon général ! Fusil en bandoulière, sus à l'ennemi impérialiste-petit-bourgeois-conformiste. Youkaghir... Youkaïga... Kazatchok et poils de rat... Shalom mon frère. T'es mon sultan, j' suis ta mouquère !

Quand les autorités judiciaires ont convoqué le citoyen Prèdessessousovitch, elles ont été très surprises de trouver porte close. Aux dernières nouvelles, le camarade Refujnik aurait postulé pour faire partie de l'équipage du prochain vol Soyouz 46 à destination de Mars, la planète rouge, d'une durée de douze ans.

Prèdessessousovitch en orbite ? Pauvres Martiens...

Note à mes admirateurs(trices) transi(e)s d'une admiration que rien au monde ne pourra ébranler, excepté la vision forcée d'*Un après-midi à Marienbad* de Robbe-Grillet : constatons qu'il est encore possible d'emmerder les épiciers, superettes, super et hypermarchés à partir d'une simple boîte de conserve.

Prenons l'exemple d'une boîte de petits pois que j'ai achetée au super Diplodocus de Vitry-sur-Seine. Rien ne prédisposait cette conserve, au demeurant fort appétissante, à contenir moult gravillons compromettant irrémédiablement une digestion paisible, sans oublier les éventuelles perforations dentaires qui pourraient s'ensuivre. Le Code civil a pensé à tout et notamment à la garantie de la chose vendue.

Article 1641 : « Le vendeur est tenu de la garantie à raison des défauts cachés de la chose vendue qui la rendent impropre à l'usage auquel on la destine, ou qui diminuent tellement cet usage, que l'acheteur ne l'aurait acquise, ou n'en aurait donné qu'un moindre prix, s'il les avait connus. »

Ainsi le tribunal civil de la Seine, le 17 juin 1959, a rendu responsable et a puni un restaurateur à la suite d'un accident survenu à son client. Ledit client avait eu quatre dents cassées par un silex enfoui dans un plat d'épinards.

Chapitre 8

AU COURS DUQUEL LE PÉNIBLE S'INQUIÈTE DE LA DÉGÉNÉRESCENCE DU CINÉMA ÉROTIQUE, ET OÙ L'ON ASSISTE MÉDUSÉ AU DÉCLIN D'UN PHARMACIEN PLUS INTÉRESSÉ PAR LES DÉHANCHEMENTS TRAVOLTAÏDAUX QUE PAR LES PRÉPARATIONS MÉDICAMENTEUSES

Outre mon adoration pour les insectes morts et pour l'œuvre complète de Chantal Goya et de Carlos, je suis également très sensible au 7e art. Woody Allen aurait aimé incarner le collant d'Ursula Andress. De mon côté, j'aurais payé une petite fortune pour interpréter le rôle de la bouche de métro lubrique qui soulève la jupe de Marilyn Monroe dans *7 ans de réflexion*.

Je connais la filmographie complète de Louis de Funès : de *Rabbi Jacob* à *Jo*, en passant par *Oscar* et *le Gendarme se marie*... Un bon, Louis de Nufès, pardonnez-moi, c'est l'émotion : Louis de Funès.

J'aime bien aussi la joyeuse gaudriole pelliculée sur grand écran. Quel régal de déguster dans l'intimité moite d'une salle du quartier Saint-Lazare des petits bijoux comme : *la Belle aux doigts gourmands, 20000 vieux sous mémère* et autre *la Chatte bottée* du même tonneau. Ah ! cette splendide scène de *Certaines l'aiment gros* où

Marilyn Dujon subit les derniers outrages en passant au-dessus d'une bouche de métro. Un régal pour les yeux et pour les oreilles, averties, cela va de soi! Et l'orgie d'esclaves dans *Spartacul*? Qu'est-ce que vous en faites? Ça vaut tous les Zulawski du monde!

Inutile de vous préciser que je suis un fervent adepte des salles obscures.

L'événement de cette semaine: la sortie du nouveau film d'Alberto Pinoch, maître du néoréalisme pornique tendance Duras: *les Trois boules du docteur Clito*. La critique est unanime.

20-03-1988. 20 h: Paris. Quartier des Champs-Élysées. Cinéma licencieux. File d'attente.

Je piaffe d'impatience. Je vais être un des premiers à savourer le charme étrange et pénétrant du dernier Pinoch. Heureusement pour les producteurs du film, je ne suis pas le seul à faire la queue. Une bonne partie du trottoir de la rue est occupé par les futurs spectateurs. Je baigne dans le bonheur. Toutefois, cette félicité suprême se rompt brusquement quand j'aperçois, au beau milieu des pervers avertis, trois jeunes puceaux passablement excités. Sans doute ont-ils confondu le *Pinocchio* de Disney avec le génial Pinoch... Cette œuvre étant interdite aux moins de 18 ans, le cerbère des lieux devrait immédiatement refouler ces jouvanceaux ne dépassant pas les treize printemps.

20-03-1988. 20 h 10: salle de projection.

Je me faufile entre les Kleenex et finit par trouver une place au sec. La salle se remplit peu à peu, Pinoch va faire un tabac! Mais... Horreur! Rêve-je! Ils ont osé vendre un billet aux jeunes morveux de tout à l'heure ! Foi de Le Pénible, les choses n'en resteront pas là.

Prenant mon courage d'une main, et un papier dans l'autre, j'avise le plus jeune et me prépare à le cuisiner.

— Bonjour mon petit. Tu es venu avec ton papa et ta maman ?

— Non, m'sieur... On est tout seuls !

— Quel âge as-tu ?

— Ben... Neuf ans et demi ! J' vais sur mes dix ans. Mes potes, ils sont vachement plus vieux. Léon a onze ans et Bastide, le chef de la bande, il a quatorze. C'est un fort, Bastide ! Casse la gueule à tout le monde à la récré !

— Où habitez-vous tous les trois, mes petits canards ?

— Moi, c'est 21, rue Lejeune... Léon, c'est 18, rue Gaillard et Bastide, il crêche à Bastille...

— Ah ! J' connais bien tous ces endroits. Y'a des églises et des boulangeries...

S'ensuit un dialogue Jacques-Martinesque du plus haut intérêt, dont je note scrupuleusement chaque information. Scandalisé, je regagne ma place et fais part de mon indignation à mes voisins de fauteuils.

— Savez-vous, messieurs, que cet établissement encourage la débauche des mineurs. Vous êtes certainement, tous les deux, bons pères de famille... Accepteriez-vous que vos enfants visionnent de telles horreurs ?

— Ah ! Ça non ! C'est odieux ! Des cochonneries pareilles !

— Inadmissible ! Il faut protéger nos enfants de tels immondices !

— Réagissons, mes amis. Je vous propose de témoigner devant le tribunal des justes. Pour ce faire, remplissons chacun une modeste attestation de témoignage afin que le coupable soit durement puni.

Le résultat ne se fait pas attendre, et quelques instants plus tard, j'ai en main trois superbes attestations.

« Je soussigné, Satyre Raymond,
domicilié 14, rue Pigalle, Paris IXe,
instituteur de son état,
né le 20 août 1943 à Tanger,
de nationalité française,

Certifie :

En allant voir ce jour, à 20 heures précises, au cinéma *Le Sex*, de Paris VIIIe, le dernier film d'Alberto Pinoch, j'ai constaté la présence dans la salle de projection d'un groupe de trois mineurs :

— Léon Bez, 11 ans, demeurant 18, rue Gaillard ;

— Bastide Grobide, 14 ans, demeurant 4, place de la Bastille ;

— Alphonse Dodu, 9 ans et demi, demeurant 21, rue Lejeune.

Le film projeté étant, en raison du danger moral qu'il représente, fort heureusement interdit aux mineurs de moins de 18 ans, la présente attestation est destinée à cautionner les éventuelles suites judiciaires qui pourraient être données à cette lamentable affaire.

Paris, le 20 mars 1988. »

RAYMOND SATYRE.

Le film était véritablement à la hauteur de la réputation de Pinoch : un réfugié particulièrement bien membré découvre les bonheurs du monde libre en culbutant le Tout-Paris littéraire intello.

On reconnaît bien là la patte du maître quand, au bout de vingt minutes, le héros baisse culotte sur la terrasse du *Flore* et entame une danse guerrière, coutume barbare qui fait tomber en pamoison les belles du quartier, transformant la terrasse du célèbre café en gigantesque orgie découverte. Rien ne nous sera épargné : les croissants au beurre, le beur au croissant, les petites cuillères, couteaux et fourchettes, le tartinage méthodique des figurantes à la confiture de framboises, sans oublier les cris suggestifs : « Inonde-moi de ta lucidité prolétarienne... Ouiiii... », « Un coup de barre, Marx et ça repart... Rhââââ !!! »

La séance terminée, moite d'émotion, je cours accomplir mon devoir d'honnête citoyen. Je fonce en direction de la caisse et exige la présence du directeur.

C'est une silhouette de catcheur à la retraite que je découvre. Solides et larges épaules, nez cassé, œil de verre, tee-shirt, tatouages « À ma maman », « À Paulette », « À Germaine », « À Fifine ». Bref, un dazibao ambulant.

— Voulez quoi ? (Ton énervé et lancinant).

— Ami cinéphile, je voudrais seulement avoir le plaisir de vous lire l'**article 1 du décret 61-63, code Pénal**...

— Pas que ça à faiiiiire ! Boulot ! Nettoyer la saaaalle !

— Mais si, tout ceci en vaut la peine : « Est punie d'une amende de 2500 F à 5000 F, toute personne qui, dirigeant une salle de cinéma projetant un film interdit aux mineurs de moins 18 ans ou de 13 ans, laisse pénétrer un de ces mineurs dans cet établissement. »

— Ça me fait une belle jaaaambe ! J'aime pas les bavards. Foutent des boutons.

— Citoyen pornocrate, je me dois d'insister et de vous avouer la cruelle vérité. Figurez-vous que votre salle renferme encore les humidités de trois jeunes mineurs, dont le benjamin vient juste de fêter ses neuf ans. J'ai des témoins oculaires qui n'ont pas hésité une seule seconde à confirmer par écrit cette ignominie. C'est pour cette raison, ami débaucheur, que je vais, fort de ces preuves irréfutables, vous attaquer et faire ma déposition au poste de police du quartier. Un solide gaillard comme vous en a certainement vu d'autres à Bab-el-Oued. Bien le bonjour, et peut-être aurons-nous le plaisir de nous revoir au tribunal.

— Ben moi qui pensais être peinard dans l' métier d'artiste... Allions vendre de la lingerie fine et délicate pour petites fesses rondes et roses.

Moralité, lecteurs avertis, soyez vigilants et ne laissez pas de jeunes têtes blondes pures et innocentes visionner n'importe quelles saloperies au cinéma. En effet, l'hygiène y est souvent plus que douteuse. N'oubliez jamais : ces enfants pourraient être les vôtres.

Certains soirs, la nostalgie du Maréchal m'étreint la gorge. Que la vie était douce à Vichy. Tout y était calme, repos et insouciance... Je me souviens de ces jours heureux, square Laval, sautillant sur des genoux accueillants pendant qu'une grosse main velue caressait mes cheveux d'ange : « Ach So ! Choli petit vranzais... »

Maintenant, c'est chienlit et compagnie ! À croire que les gouvernements se complaisent dans la fange. Croyez-moi, c'est l'époque du laisser-aller, de l'anarchie et des atteintes permanentes à l'ordre moral. Si la France était bien menée, le Sida serait resté chez les singes africains sans jamais oser violer nos frontières.

Il ne m'en reste pas moins la hantise tenace de cette terrible maladie. C'est pourquoi, ayant pour souci constant une hygiène sexuelle irréprochable, je suis ravi de constater le retour en force des bons vieux préservatifs. C'est dans cet esprit que je me rends chez le pharmacien du coin afin d'acquérir une boîte de ces capotes miracles. Anglaises de surcroît.

28-03-1988 : Paris XVIe. Pharmacie.

Je pénètre dans l'officine et, embarrassé, m'avance tel un automate vers le comptoir derrière lequel s'active l'homme de l'art. La pharmacie est bondée. J'angoisse et attends mon tour de passer au supplice, pendant que la queue s'allonge démesurément derrière moi... Quelques mémères enrhumées après, la voix du pharmacien me lance d'un air entendu :

— Et pour monsieur, cela sera ?

— (Murmure à peine perceptible)... Préservatifs... Furex... boîte familiale, SVP...

— (Tonitruant). Parlez plus fort, monsieur, vous n'avez certainement rien de répréhensible à me demander... Alors, je vous écoute...

— (Murmure agonisant)... Capotes... Boîte de 20.

— (Éructant). Comment ? ? ? Une boîte de quoi ? Vous savez, les clients ne vont pas vous manger... Ah ! ah ! ah !

— ... (Filet de voix Jane-Birkinien)... Chuuut !... Caoutchouc... Urgence... Grande boîte...

— (Triomphant). Ah ! Des capooootes ! Des Furex en boîte de 20 ! Pouviez pas le dire plus tôt ! (Hurlant à la cantonade). Y'a pas de honte à réclamer des préservatifs !

Après cette humiliation, rouge de honte, je

relève fièrement la tête et entreprends de corriger publiquement ce fesse-mathieu.

— Vous qui avez le sens de l'humour et les idées larges...

— (Paradant). Oh ! Oh ! Le grand timide hausse le ton !

— Non, non, je n'ai nul besoin de hausser le ton pour vous rappeler un extrait du **Code de la Santé publique (L. 593-1, complété par la loi nº 77-745 du 8 juillet 1977** relative au port du caducée, inscrite dans le Code pénal) : « Les pharmaciens et les personnes légalement autorisées à les seconder pour la délivrance des médicaments dans une officine de pharmacie doivent porter un insigne indiquant leur qualité ; les caractéristiques de cet insigne, ainsi que les conditions selon lesquelles le public est informé de sa signification, sont fixées par arrêté du ministère chargé de la Santé **(Arr. 19 octobre 1978 au JO du 24 octobre)**. » En résumé, les pharmaciens doivent porter à leur boutonnière une broche en forme de caducée, les préparateurs en forme de mortier. Je précise naturellement que les vendeurs ne sont pas habilités à délivrer des médicaments. Alors, qu'est-ce que vous en dites ? D'autant que je ne distingue aucun insigne ou caducée sur votre blouse blanche largement entrouverte sur un corps bronzé dont doivent raffoler les mémères du quartier en mal de sensations fortes, excepté ce badge vulgaire et grossier (« Gaffe les minettes ! Je drague. ») qui tombe sous le coup de la loi, car « toute personne portant, contrairement aux dispositions de l'alinéa précédent, un insigne ne correspondant pas à sa qualité sera passible des sanctions prévues au **1er alinéa de l'article 259 du Code pénal** ». Or, vous n'êtes pas, jusqu'à preuve du contraire Gentil Organisateur au Club! C'est terminé, la gaudriole!

— (Dans un murmure comparé auquel le passage d'une mouche ferait penser au bruit d'un avion volant à Mach 2)... Chutt!!!... On peut toujours s'arranger... Vais aller chercher mon insigne... Le mets de temps en temps... Agrafe démange belle poitrine velue... Z'énervez pas... Vous embêterai plus quand voudrez capotes... Gentil client... Mauvais pharmacien pervers... Étions chien...

— Je continue de croire cher pharmacien que votre place est davantage à la terrasse de certains dancings à faire le gigolo ou au *Byblos* de Saint-Trop' à faire l'intéressant, qu'à vous occuper de la santé de vos contemporains. Je pense que vous êtes néfaste à la société et ferai tout ce qui est en mon pouvoir pour éviter que des drames se produisent dans votre boîte de nuit qui tient lieu de pharmacie, en y réimprégnant l'ambiance de travail qui actuellement lui fait défaut. Il ne manque plus que des spots au plafond et la sangria dans les clystères et boules de gomme. Espèce de Diafoirus endimanché! Je vous dénonce séance tenante à votre ordre professionnel. Des fois que certaines de vos anciennes conquêtes jetées malproprement se joignent à moi pour porter plainte, croyez-moi, ça va y aller!

— Wou... Wou... Wou... (Moulinets endiablés des mains et déhanchements suggestifs)... Stayin' alive... Stayin' alive... Wou! Wou! Wou! Disco... Étions bon danseur! (Debout sur le comptoir, visages ébahis des clients assistant en direct à une crise d'hystérie discoïdale)... Love!!! Be a dog! Disco! Dancing fool! Woua!

Je laisse notre Travolta du formol, danseur maudit, à ses figures librement adaptées de ces chefs-d'œuvre impérissables que sont *Grease* et *la Fièvre du samedi soir*. Je paye mes Furex et sors. Je déplore à cet égard qu'il n'existe point de préservatifs pour lutter contre le Sida mental qui atteint même certains représentants des professions médicales.

C'est quand la vitrine de la pharmacie s'est brisée dans un vacarme assourdissant, que j'ai prix conscience que notre Fred Astaire du dimanche avait glissé sur un objet en caoutchouc spécialement bien lubrifié qui traînait négligemment sur le comptoir... « Diantre !... Où ai-je mis mes Furex ? »

Chapitre 9

PLUTÔT ÉTRANGE, DÉBUTANT PAR LA RECETTE DU CRIME PARFAIT, POUR S'ÉCHOUER DANS LE SADISME LE PLUS CRUEL, OBLIGEANT UN VENDEUR DE MEUBLES HOMOSEXUEL, FIN LATINISTE, À BAISSER CULOTTE EN RAISON D'UNE CONFUSION DANS LA CLASSIFICATION DES ARBRES FRUITIERS

Sartre disait : « L'enfer, c'est les autres. » Pour une fois, je souscris totalement à la pensée de ce gauchiste qui nous a emmerdés des années et des années avec son existentialisme débile. Il serait bon, arrivé à ce stade de ma biographie, d'aller un peu plus au fond des choses. Qui suis-je ? Où vais-je ? Que dînerai-je ce soir ? Je suis certes un emmerdeur. C'est avant tout de la légitime défense, je n'y puis rien. La meilleure des défenses étant l'attaque, je me suis fait une spécialité de combattre le mal par le mal. Ceci sous-entend une recherche systématique de la vulnérabilité de l'adversaire. Qu'il soit président de la République ou garçon-boucher (plutôt garçon-boucher, d'ailleurs), nul n'échappe à ma cruelle vigilance. Rien de plus ennuyeux qu'un dîner en ville : ce ne sont que des « Et le troisième de Tigana, t'as vu la bête ! » ou des « Vos prochaines vacances avec les Dumoulin, c'est pour quand ? » ou encore des meurtriers « Vingt dieux ! C' qu'il est bon ce cassoulet ! » et le fin du fin « C' Patrick Sabatier, c'est un bon, quand même ! » Je vous passe les variantes souper/beauf du style « J'ai loupé la cagnotte à un chiffre près. Putain de tirage ! On se voyait sur la côte avec la Madeleine, chez les nudistes », et les incomparables dîner/homme d'influence volant légèrement plus haut : « C' Michel Drucker, quel pro ! » Affligeant, débile, grotesque, ennuyeux, mesquin, sans intérêt et minable. Alors, quitte à passer pour un vil mégalomane, je préfère leur parler de moi et de mes exploits... Au moins, on sait que ce sera fort intéressant.

Tenez, en voilà encore un, et non des moindres. Avez-vous eu vent du catalogue édité par la célèbre maison de vente par correspondance les 4 Belges ? Cette honorable et vieille maison se souvient encore de moi...

Voici deux ans, je leur commande une petite casserole rouge en émail de 17 cm de diamètre. Bon de commande. Chèque. Attente. Colis. Ouverture. Déception : casserole verte et, plus grave encore, d'un diamètre de 16,5 cm. Dans quoi vais-je faire cuire mes œufs durs ? Scandale ! Il me fallait réagir. On a beau être 4 Belges, on n'est pas pour autant dispensé d'honnêteté. Alors, j'ai pris ma plus belle plume et j'ai rédigé la lettre suivante :

Monsieur Van Dest,
directeur des 4 Belges,
Lille.
Lettre recommandée AR.

Paris, le 23 mai 1988

« Monsieur le directeur des 4 Belges,

Voici quinze jours, je vous avais commandé une

casserole rouge de 17 centimètres de diamètre (réf. ZX000 975), joignant à ma commande un chèque correspondant à son prix, soit 47 francs et 30 centimes.

Quelle ne fut pas ma surprise de trouver, à la place de la casserole rouge de 17 centimètres de diamètre, une casserole verte du plus mauvais effet, d'un diamètre de 5 millimètres inférieur à ma commande. Votre maison a eu l'outrecuidance de joindre à cet envoi une lettre d'explication qui est en soi une véritable provocation : cette missive m'expliquait que la casserole que je désirais tant ne put m'être livrée parce qu'en rupture de stock.

Sans doute le savez-vous, Monsieur le directeur, le **décret du 24 mars 1978** rend nuls les prétextes du style de ceux que vous voulez me faire avaler : “Les dimensions des biens commandés et autres précisions qualitatives s'entendent comme pouvant comporter une tolérance en plus ou en moins.”

Comme vous ne pouvez remplacer ma petite casserole rouge tant désirée, je me vois contraint d'annuler la vente, d'exiger le remboursement de mes 47 francs et 30 centimes, et en fonction du préjudice que je viens de subir, je me réserve le droit de demander des dommages et intérêts.

Vous auriez dû me prévenir de la précarité de votre stock au lieu de tenter de me vendre de force un rossignol.

Dans l'attente du remboursement de ma petite casserole, et dans l'expectative de vous rencontrer prochainement au tribunal, je vous prie d'agréer, Monsieur le directeur, l'expression de ma profonde animosité.

P-S : j'aurai votre peau. »

ALBERT LE PÉNIBLE.

Sortez vos mouchoirs, chers amis, car nous allons aborder le passage le plus poignant de cette œuvre. La petite marchande d'allumettes d'Andersen en poufferait de rire.

Quinze jours après cette lettre corrosive, je reçois une enveloppe cerclée de noir. C'est la direction des 4 Belges qui me répond :

M. Le Pénible,
Faubourg-Saint-Antoine
75012 Paris.

« Cher client,

Nous accusons réception de votre courrier du 23 mai dernier. En effet, il semblerait qu'une grave erreur ait été commise. Soyez rassuré, nous allons la réparer et vous recevrez bientôt la casserole "Alizé", rouge, d'un diamètre de 17 centimètres, telle que vous la souhaitiez. Vous le savez sans doute, notre maison sort d'une longue période de difficultés et à la force de sa volonté, notre directeur, Monsieur Van Dest, était parvenu à la remonter.

Depuis une quinzaine de jours, notre directeur était dans un état quasi dépressif qui l'a conduit finalement le 30 mai dernier à se donner la mort en se martelant le crâne à coups de casserole, alors qu'il s'était enfermé à double tour dans son bureau. Les raisons de cet acte demeurent inexpliquées.

Certains avancent l'hypothèse qu'il aurait été victime d'un individu pratiquant la terreur au moyen de menaces chirographaires. Quoi qu'il en soit, la direction des 4 Belges est heureuse de vous annoncer la nomination de Monsieur Van

Daange, notre nouveau manager qui s'efforcera de perpétuer l'œuvre engagée par Théodore Van Dest.

Veuillez agréer, cher client, les compliments des 4 Belges (qui ne sont plus que trois). »

Relations clientèle
Jacqour Van Trater

Pauvre Van Dest, ce jour-là, il n'avait pas la frite !

La table en formica qui trône au milieu de mon salon me donne depuis longtemps le cafard, bien que, comme le savez, j'apprécie les insectes morts. Aujourd'hui, je réagis, casse mon nourrain, geste de bon aloi s'il en est, et profite de l'actuelle promotion que pratiquent les magasins Exkro sur les meubles en bois fruitier. Le rêve ! Une belle table en merisier ou en prunier... Toucher la noblesse du bois... L'entretenir amoureusement... Trêve de poésie ! Direction Exkro.

12-09-88 : Paris. Grand Exkro est réputé pour les fouilles systématiques pratiquées à l'entrée de ses magasins. C'est tout juste si les cerbères ne font pas baisser culotte aux clients, spécialement quand il s'agit de jeunes et jolies clientes. Pour emmerder ces valets, je glisse sous ma veste un gros réveil tic-tac « Mickey » excessivement bruyant, à faire passer Big Ben pour un mime Marceau muselé.

Entrons dans le vif du sujet. Fouille. Grosse palluche palpant gros réveil. Panique.

— Tous à terre ! Y'a une bombe là-dedans !

L'affolement est à son comble. D'un geste sec, le Rambo de service extrait la bombe-réveil, la jette par terre et, tel un épileptique, massacre mon beau

Mickey à coups de crosse et de Rangers, en poussant le cri de guerre des Marines : « E... de Viet ! P.. de jaune ! Sale melon ! » Réalisant la portée de son acte, le « justicier » pique soudain un fard, s'agenouille et ramasse les miettes du Mickey martyr. Bavure. Une de plus.

— P... de guerre ! Savez, m'sieur, j' fais pas ça par plaisir, j'ai des ordres ! Moi, on m'a dit : dès que tu vois des grandes oreilles, une grande queue et que ça fait tic-tac, tu flingues ! S... de boulot...

— Cher baroudeur, appelez-moi l'adjudant des lieux ! Fissa !

Une baraque en tenue léopard, cartouchière en bandoulière, balafres et béret de para arrive au pas de course.

— Bravo pour l'efficacité de vos p'tits gars, mais maintenant, il va falloir me dédommager de mon Mickey. En cas contraire, je me verrai contraint de porter plainte contre Exkro.

— Affirmatif !

— D'autant que vous n'avez aucun droit pour fouiller les gens. Seuls les officiers de police judiciaire sont autorisés à fouiller les clients ainsi que leur sac.

— Affirmatif !

— Je vais vous dire ce que vous êtes : des sauvages de la pire espèce qui déshonorent notre fier pays.

— Affirmatif !

— Vous n'êtes que des bœufs qui allez me rembourser immédiatement les 125 francs de mon Mickey. J'espère que vous avez une bonne assurance !

— Affirmatif !

— Bon ! Finalement, vous êtes plutôt des gars compréhensifs... Merci pour le chèque. Somme toute, vous n'êtes pas si bêtes.

— Négatif!

Après cet épisode guerrier, d'une violence insoutenable, j'emprunte le grand escalator pour me retrouver à l'étage des tables.

Un vendeur d'une virilité aveuglante vient à ma rencontre dans un mouvement ondulatoire de la zone fessière. Nœud pap', petit costume moulant, mignons mocassins, pochette rose assortie au nœud (papillon) coiffure impeccablement permanentée et sourire à l'avenant.

— Je peux vous renseigner, monsieur?

— Absolument, je cherche à acquérir une belle table en bois fruitier. Si possible à un prix abordable.

— Oh! Mais vous savez, ici, tout est abordable. En particulier les vendeurs! Hi! Hi! Hi!

— ...

— Voici un modèle qui plaît beaucoup à la clientèle, comme vous pouvez le constater, et tel que l'affichette l'indique, il est en bois fruitier: plus précisément, c'est de l'oranger. Un bois très rare. *Rara avis in terris!* («Oiseau rare sur la terre.» Juvénal. *Satires*, VI, 165).

— Vous qui semblez être un fin lettré...

— *Nunc dimittis servum tum, Domine* («Maintenant, tu renvoies ton serviteur. Seigneur.» Parole du vieillard juif Siméon, après avoir vu le Messie).

— ... Vous commencez à me les briser menu avec vos citations latines... Moi aussi, je vais vous en donner des citations, extraites d'un très intéressant livre de chevet: «Dans le domaine du mobilier, la dénomination et l'appellation doivent être exactes. Il ne suffit pas qu'un arbre porte des fruits pour qu'il soit qualifié de fruitier. Seuls sont considérés comme tels: le pommier, le poirier, l'alinier, le cormier, le merisier, le cerisier et le plumier. D'ailleurs... »

— *Omnis homo mendax* (« Tout homme est menteur. » Paroles tirées du psaume CXV : *Credidi propter quod locutus sum*).

— *Homo mendax* vous-même ! Je disais donc qu'un commerçant ayant vendu de l'aulne sous l'appellation « arbre fruitier » a été condamné à 4 000 F d'amende par le tribunal correctionnel d'Angers le 13-10-1978. En conséquence...

— *Res judicata pro veritate habetur* (« La chose jugée est tenue pour vérité. » Axiome de l'ancien droit, tenu en vigueur). Et de plus : *sapiens nihil affirmat quod non probet !* (« Le sage n'affirme rien qu'il ne prouve ! »).

— Le problème, mon cher ami, c'est que non seulement, vous tombez en pleine jurisprudence à propos des meubles en bois fruitier, mais que de plus, la **loi du 1er août 1905** relative aux fraudes et falsifications en matière de produits ou de services me protège...

— *Sutor, ne supra crepidam !* (« Cordonnier, pas plus haut que la chaussure. » Parole du peintre Apelle à un cordonnier qui, après avoir critiqué dans un de ses tableaux une sandale, voulut juger du reste. Pline, *Histoire naturelle*, 35-36).

— À propos de chaussure, j'ai bien envie de vous botter le derrière. Poursuivons... L'article 1er de la loi précitée stipule : « Quiconque, qu'il soit ou non partie au contrat, aura trompé ou tenté de tromper le contractant par quelque moyen ou procédé que ce soit, même par l'intermédiaire d'un tiers, sur la nature, l'espèce, l'origine, les qualités substantielles, la composition ou la teneur en principes utiles de toutes marchandises, sera puni d'un emprisonnement de trois mois au moins, deux ans au plus, et d'une amende de 1 000 F au moins, 250 000 F au plus ou de l'une de ces deux peines seulement. » Sachez donc, ami vendeur, que je pourrais saisir immédiatement le Service de la consommation et de la répression des fraudes de la région... Vous tenez tellement à tailler des sabots de bois en prison ?

J'assiste alors à une scène bien étrange : mon gay vendeur se hisse sur une table, le regard fou, et, debout sur un seul pied, lance publiquement cette diatribe : « *Stans pede in uno* » (« Debout sur un seul pied. » Expression d'Horace, *Satires* 1, 4, 10, qui représente Lucilius dictant deux cents vers à l'heure debout sur un seul pied). Puis, invectivant la clientèle d'Exkro : « *Servum pecus !* » (« Troupeau servile ! »). Enfin, pour finir : « *Summum jus, summa injuria !* » (« Excès de justice, excès d'injustice. » Adage latin de droit, cité par Cicéron. *De officiis*, 1, 10, 33).

Dans un délire verbal, digne d'un Alain Decaux ambigu et sous amphétamines, tout en baissant son pantalon et son string, mon vendeur se roule désormais par terre en hurlant : « *Panem et circenses ! Paterna, paternis, materna, maternis ! Per Jovem ! Post equitem cedet atra cura ! Odi profanum vulgus ! O fortunatos nimium, sua si bona norint agricolas !* »

Quittant cet asile de fol, je réplique une dernière fois à notre Socrate sans culotte :

— *Tu l'as dans l'*alnus ! (Citation d'Albert Le Pénible. Alnus : nom latin de l'aulne, arbre à feuilles tronquées au sommet, croissant au bord de l'eau. Cf. jurisprudence trib. correc. d'Angers).

Chapitre 10

DANS LEQUEL, EN PLEINE ÉPIDÉMIE SIDAÏQUE, ALBERT LE PÉNIBLE TOMBE DANS UN RACISME ANTI-COIFFEUR DES PLUS CONDAMNABLES

Comme la plupart des commerçants, les coiffeurs n'échappent pas à mon courroux. Qu'ils soient sportifs ou efféminés, pour caniches, hommes, femmes ou enfants, il n'y en a pas un pour racheter l'autre. Toujours les mêmes revues cochonnes dans leurs salons d'attente, toujours le même sempiternel air niais quand ils vous accueillent, avec leurs grosses papattes embagousées, cette corporation est ma hantise. Malgré cela, j'avoue avec honte fréquenter assez régulièrement les salons de ces pommadés patentés qui ne peuvent s'empêcher de raconter d'effrayantes banalités pendant que vous avez le dos tourné, en quantité inversement proportionnelle à la garniture de votre crâne.

Je n'ai jamais compris les beatniks et autres chevelus de tout poil, mais il existe malgré tout un point de convergence entre nos vues : mort aux coiffeurs !

Je ne vais jamais deux fois dans le même salon, et vous allez rapidement comprendre les raisons profondes qui animent ce choix.

14-04-1988. 17 h 20 : salon *Aux Sécheuses*.

Accueil sympathique, chaleureux et enjoué.

— Bonzour vous ! Z'avez rendez-vous avec René... Ou avec René ? Hihihihihihinnnn...

— Ben, avec un des deux, puisque je n'ai pas de rendez-vous.

— Vous alors, savez parler aux z'hommes ! J'en suis toute confuse, voilà que je pique mon fard. Pfffuiiittt ! Alors, j' vous fais quoi ? La banane de David Bowie, la choucroute de Mick Jagger ou la permanente de Michael Jackson ?

— Non, rien de tous ces emplumés dégénérés et drogués. Je souhaiterais la coupe de Lino Ventura interprétant Jean Valjean dans la scène du bagne. J'ai justement une photo dans mon portefeuille. Je ne la quitte jamais. Elle vous servira de modèle...

— Pouah ! Quelle horreuuuurrrr ! Vous voulez vraiment avoir une tête de gorille ? O.K., boy ! C'est parti mon kiki !

Comparé à mon shampooinage, les chutes du Niagara font office de pitoyable Maneken Piss constipé de la zigounette.

— Bon, maintenant, le monsieur il va aller gentiment s'asseoir là-bas et attendre le gentil René qui va chercher ses petits instruments de travail.

— Pas si vite, brave tondeur. Avant toute chose, j'aimerais vous rappeler, suivant le **Règlement sanitaire départemental, art. 117 et 118** et la **circulaire ministérielle du 9/08/1978**, que les instruments doivent être désinfectés pour chaque client, les serviettes et peignoirs devant être changés de même. En conséquence, je souhaiterais vivement que vous désinfectassiez devant moi vos instruments de torture. Avec toutes les maladies qui traînent, on n'est jamais assez prudent. C'est la moindre des choses. Dans la négative, bien évidemment, je serais contraint de porter plainte contre vous, et à qui de droit.

— Oh, ben, elle est raide celle-là. En dix ans de soins capillaires, j'ai jamais vu un enquiquineur pareil. C'est incensé d'être crotte comme ça ! Alors on va désinfecter, comme ça, le petit monsieur, il sera tout content !

Un quart d'heure plus tard, mon raseur revient de l'arrière-boutique, toussant et crachant, avec ses accessoires encore tout fumants de la désinfection.

— J' me suis brûlé les mimines avec vos histoires tordues ! Commençons par la coupe. Jean Valjean au bagne, première ! Ça va pas être triste.

— Évitez tout de même de trop me dégarnir... J'ai pas envie d'effrayer les enfants dans la rue. Modérez vos coups de rasoir !

— Quelle chochotte, celle-là ! J' vais te la calmer avec des revues pleines de femmes nues... Quel cauchemar !

Coupe achevée. Coup d'estocade de René.

— J' vous les laque ou j' vous les gomine ?

Juste au moment où je m'apprête à corriger l'insolente, rentre une espèce de « chef indien » maquillé jusqu'aux oreilles. Il ne manquerait plus qu'une plume dans le derrière pour compléter le tableau.

— Ben, dis donc René, tu donnes dans le bagnard maintenant ? Hi ! Hi ! Hi !

Excédé, je coupe court à ces minauderies, annonce quc la coupe est pleine, ainsi que terminée, et réclame le prix du massacre.

— Ben, c'est simple. Un shampooing, une coupe, un séchage et l'agréable compagnie de ce voyou de René, ça fait : 125 F. Na !

— Parfait... Conformément à l'**ordonnance du 1er décembre 1986 (article 31 & 33)**, la remise d'une note est obligatoire à partir de 100 F. Cependant, on ne peut néanmoins me la refuser pour une somme inférieure.

— Mais elle est malade, celle-là ! Elle veut pas que j' la borde, non plus ! Heureusement qu'elles sont pas toutes comme lui, parce que sinon, j' m'engage dare-dare dans les commandos. La v'là vot' note. Au plaisir de ne plus se revoiiiir. Ciao, bambino. Bonjour à Cayenne...

Je ne supporte absolument pas d'être dérangé quand je suis chez moi, peinard, les pieds dans mes pantoufles et la tête dans les nuages. Habituellement, je reçois très mal les pompiers, facteurs, éboueurs, gaziers, Croix-Rouge et autres Témoins de Jéovah qui m'importunent. Inutile de vous dire que ces mécréants de représentants sont fraîchement accueillis, et ne franchissent que très rarement le pas de ma porte. Le dernier de ces maudits visiteurs, fort sympathique au demeurant, vend désormais des entonnoirs en porte-à-porte dans les couloirs de Sainte-Anne.

4.12.88. 17 h 30 : logis. Salle de séjour.

Au son du dernier tube de Marcel Amont, j'épingle méticuleusement quelques insectes morts dernièrement acquis. Très concentré, car ce travail d'orfèvre ne supporte pas la perturbation extérieure. C'est au moment où je m'apprête à fixer pour l'éternité un splendide spécimen de *Timeloesa maculata formosana heliconius dorislidder dalei polyxena* (mouche sévissant dans la fange des bidonvilles de Calcutta-sud), qu'un bruit de sonnette strident me fait sursauter, cassant du même coup le fragile abdomen du précieux insecte.

Porte ouverte. Apparaît un petit homme coiffé d'un chapeau, mallette à la main, sourire crispé et gestes gauches.

— Pardonnez mon insolence, je vous prie. Je suis un misérable représentant (ton à la « bourgeois de Calais »). Je sens que je vous importune mais, de grâce, ayez la bonté de m'accorder quelques-unes de vos précieuses secondes... Avez-vous eu vent de l'efficacité des balais-récureurs w.-c. de la maison Duraton-Laveur ?

— ...

— Excusez le vil impertinent que je suis, mais je serais fautif de vous taire les qualités exceptionnelles de la balayette Duraton-Laveur. Regardez-moi ce beau goupillon, façonné avec amour, qui va dans tous les coins et recoins de la cuvette...

— ... (Fulminant).

— Le monsieur en est muet d'admiration... (Puis se dirigeant vers les toilettes)... Hoooo, la belle cuvette ! Qu'elle est bien sale ! Qu'à cela ne tienne ! La balayette et hop ! Criii, criiii ! Duraton-Laveur combat le sale ! Voyez, le maniement est très simple : vous tournez à gauche, puis un léger mouvement du poignet vers la droite, et, enfin, vous ferez net les petits besoins quotidiens. Ensuite, vous secouez l'appareil par la fenêtre. Résultat impeccable. Il existe un modèle plus perfectionné qui simultanément à son action hygiénique, désodorise vos cabinets. Alors, qu'en dites-vous ? Je vous en mets combien ? Parce qu'on va bientôt être en rupture de stock, c'est le succès. Remarquez, c'est pas demain la veille qu'on sera dans le caca ! Ha ! Ha ! Ha !

— Cher marchand du Temple, j'écoutai avec attention votre discours tant inintéressant que franchement scatalogique, quand, soudain, une question me vint à l'esprit : bon sang, ce démarcheur possède-t-il la carte obligatoire SNVSD (Syndicat National de la Vente et Services à Domicile)? Au cas contraire, vous ne pourriez exercer cette activité.

— Ben... Heuuuu... Confusion dans mes papiers... Cherche... Ça va venir... Z'énervez pas! Première fois que ça m'arrive...

— Cessez là ce jeu idiot. Je vais tout simplement téléphoner au SNVSD. Vous voyez, je suis bien renseigné! Quel est votre nom, cher ami?

— Ben... Ernest Ivan... (Renseignement pris, confirmant l'identité de l'encombrant, j'achève le moribond).

— Cher Monsieur Ivan...

— Pitié, magnanime client, moi misérable traîne-savate qui trime dur, même les dimanches, afin de nourrir sa femme et ses cinq enfants, dont deux à l'article de la mort... Père me battait, mère faisait le trottoir... Pas les moyens de se payer des études... Self-made vendeur... Patron sadique... Menace de me licencier si je ne vends pas assez de balayettes... Mère grabataire à entretenir... Achetez ma balayette Duraton-Laveur vous ferez une bonne action... Veux pas mourir...

— Dites donc, Ivan! Vous seriez en train d'enfreindre l'**article 7 de la loi du 22-12-72, nº 72-1137**, extraite du Code civil, que ça ne m'étonnerait pas! Vous avez des économies? Vous allez en avoir besoin, car la loi sanctionne «quiconque aura abusé de la faiblesse ou de l'ignorance d'une personne pour lui faire souscrire un engagement par démarchage», d'un emprisonnement de 1 à 5 ans...

— Non, mon bon maître... Gentil vendeur... Admirable client... Étions si pauvre et si méprisable...

— ... Taisez-vous! Au cas où vous ne croupissiez

pas en prison, la loi prévoit à l'encontre de brigands de votre espèce une amende allant de 3 600 à 36 000 F. Ça en fait des balayettes ! Allez ouste ! Du balai ! Du reste, je dois également m'absenter pour une affaire urgente ! Je m'en vais porter plainte contre un repoussant vendeur de goupillons qui a eu l'imprudence de tenter d'abuser de ma faiblesse et de ma bonhomie. Mais que faites-vous mon ami ?...

— Étions danseuse aux Folies-Bergère... Mettons goupillon dans le derrière et hop ! Tra lalalalère ! Mon truc en plume, plume de zoizeau !!!

C'est un Ernest Ivan à moitié nu, une balayette enfoncée dans la partie la plus charnue de son individu, qui descend majestueusement l'escalier de mon immeuble pour se retrouver dans la rue, dansant une gigue endiablée. Aux dernières nouvelles, notre ami est aujourd'hui meneuse de revue, profession dans laquelle il reçoit un succès aussi mérité qu'inattendu.

Chapitre 11

QUASIMENT RABELAISIEN, OÙ LE HÉROS, PRENANT CONSCIENCE DES PROGRÈS CONSIDÉRABLES APPORTÉS PAR L'AUTOMOBILE À LA CIVILISATION MODERNE, REPLONGE DANS LES TRÉFONDS DU MOYEN ÂGE AFIN D'INCITER UN GARAGISTE HYDROCÉPHALE À SE DÉCARCASSER POUR SA DURITE

« Le week-end, on cultive les belles plantes », disait N... le Jardinier, entre deux gendarmes, seulement vêtu d'un arrosoir et de son chapeau de paille, alors qu'il s'apprêtait à attenter à la pudeur de deux jeunes touristes anglaises dans les jardins du Trocadéro.

En ce qui me concerne, le week-end est plutôt synonyme de détente et de plein air. Alors, bye bye Paris et en route pour Cabourg. Ah ! Cabourg : Marcel Proust et ses romans aussi ennuyeux qu'illisibles, les parties de pince-fesse du côté de chez Swann, le *Grand Hôtel* où se côtoie le Tout-normand, son casino dont on ressort à sec pour se jeter directement dans la mer, ses célèbres crêpes aux moules, les troubles gastro-entérologiques qui s'ensuivent... Que la Normandie est belle !

Dans ma voiture, je dévale à toute allure les kilomètres qui me séparent de cette si belle ville.

Porte de Saint-Cloud : premier embouteillage.

Ça commence bien. Coups de klaxon. Cacophonie. Bouchon. Je commence à m'énerver... Tout sourire aux lèvres, une superbe girl en short-basket tee-shirt échancré « Love Oklahoma City », chargée de paperasses, se faufile en patins à roulettes entre les voitures arrêtées pour distribuer des prospectus aux conducteurs. Zigzag final : c'est mon tour.

Ma cocotte, ça va être ta fête !

— Bonjôr Monsieur, voici pôr vous de la part de maison Mac Mickey (« Le hamburger wouah ! Qu'il est gai ! »). Et n'oubliez pas que pôr l'achat one Big Mac Mickey + 1 grande frite + 1 giant Coca, the boss vous offre' reproductionne en carton du chapeau de J.R... Have a nice day !

— Au risque de froisser les excellentes relations franco-américaines, je tiens à vous informer, jeune fille, que ce n'est pas parce que vous nous avez donné — tardivement — un très léger coup de main pour en finir avec des Teutons qui faisaient déjà leurs valises, qu'il faut vous croire ici chez vous. Le vieux continent a ses règles et notamment un Code pénal des plus sévères. L'**article R.38**, de ce même **Code pénal**, modifié par le **décret du 8-09-1975**, interdit de distribuer des prospectus ou des tracts aux conducteurs et même aux occupants de véhicules circulant sur la voie publique. Si vous deviez persévérer dans vos actes répréhensibles, je me verrais contraint de saisir mon lasso, de vous ficeler tel un saucisson bien de chez nous et de vous livrer au shérif de la porte de Saint-Cloud (si redoutable que Wyatt Earp en ferait dans sa toile de Nîmes)... Et je vous prierai d'avoir l'amabilité de vous relever afin que ma ligne d'horizon ne s'arrête pas à vos excroissances mammaires, par ailleurs fort appétissantes...

— Moi, pas comprendre vô... Étudiante en

France... Job... Money... Mac Mickey good Boss... States grand pays... Cheese Cake, big burgers... Pretty girls... Vô venir me vôar chez ma maison... *Challenger* kaput... Dormir ensemble... Faire l'amôr... Wouah! Français so exciting...

Bon, ben moi, « quand je vois une Américaine en chaleur, je file à l'anglaise » (Jacqueline Monsigny, 1986). Je démarre en trombe, plante là mon GI en jupon et m'en vais de ce pas la dénoncer au *marshall* du coin pour infraction au Code pénal, attentat à la pudeur et incitation à la débauche. On en extrade pour moins que ça!

Cette simple formalité, ce devoir de citoyen-emmerdeur accompli, en route pour Cabourg. Sortie de Paris... Autoroute de Normandie... Ma petite reine de Mercedes engloutit les kilomètres... L'air est pur, la route est large... Soudain, bruit répété produit par des corps qui s'entrechoquent dans le moteur. Bref, cliquetis malsain. Je sors de l'autoroute et m'enquiers de trouver un garage. Quelle veine, en voilà un beau: « Garage Auguste Cambouis et fils. Les rois de la mécanique ». Un individu d'une quarantaine d'années m'aborde. Casquette Motul en arrière, mégot aux lèvres, brioche rebondie sous un bleu de chauffe qu'il serait plus juste de nommer « noir de chauffe », le thorax bardé de tournevis et de clés à molettes coincés dans une cartouchière du meilleur goût... J'ai la vague impression de me trouver face au Rambo de la clé de douze. S'essuyant les mains sur son ventre, ajoutant une nouvelle couche de pâte noirâtre, le spécimen s'inquiète de l'état de ma « Bibiche ».

— Y'a un problème?

— Cher sauveur, Galilée du carburateur, un bruit étranger venu d'ailleurs perturbe mon voyage. Je vous serais éternellement reconnaissant de soigner ma « Titine ».

— Ha, ben, j' vois c' qu'elle a vot' caisse. Coup classique : c'est la soupape d'injection qu'a morflé... Du coup la culasse a pété, le ventilo est nase, l'alternateur fait la gueule et les bougies sont merdeuses...

— Bon... Faites-moi donc un devis, comme la loi vous y oblige.

— Pas qu' ça à faire. J' suis pas un poète, moi ! Passe pas mon temps à écrire d' la prose...

— Ami mafioso de la bricole, sachez que, afin d'éviter les mauvaises surprises, je suis en droit d'exiger de votre part un « ordre de réparation ».

— Faites braire ! Y'en a vraiment qu'ont que ça à foutre d'emmerder les braves garagistes.

Le Victor Hugo de la vidange s'exécute presque aimablement (« Où qu'il est c't' enfoiré d' stylo, Chierie ! » et autres interjections dont la trivialité n'a pas sa place dans un ouvrage d'une telle qualité). Un quart d'heure plus tard, l'autochtone me remet le devis tant désiré. Estimation générale : 1 300 F. Approbation. L'artiste peut enfin donner libre cours à son art. Une bonne heure plus tard, entrecoupée de réflexions dont la pertinence le dispute à la légèreté, où il fut question de sodomiser un système d'échappement, de déféquer sur l'allumage et de fourrer allègrement l'orifice du réservoir d'huile, Cambouis considère en avoir fini et me le fait savoir.

— Ça f'ra 1 342 F M'sieur... Y'a une durite que j'avais pas prévue dans le devis.

— Il n'en est pas question, je vous paye exactement ce qui était prévu dans le devis, c'est-à-dire 1 300 F. Vous n'aurez pas un sou de plus.

— Bon bon revenez plus me prendre la tête, espèce de peigne-cul.

Épisode lamentable, significatif quant à la façon dont se connectent les cellules cérébrales de cette ethnie. Je quitte les lieux... Enclenche la seconde, puis la troisième, la quatrième, me risque à passer la cinquième et crac! Même cliquetis que tout à l'heure. Je connais un Cambouis qui ferait bien de graisser sa culotte afin d'amortir les coups de pompes et de clé à molette qu'il ne va pas tarder à recevoir. Gare au cyclone! Accueil glacial de Cambouis qui, singeant le gorille de *King Kong contre Maciste* lève les bras au ciel et me menace de toutes les horreurs que l'on puisse imaginer. Restant de marbre face à cette diarrhée d'injures, mâchoires serrées, j'entame d'expliquer à cet académicien de la grossièreté à quoi il s'expose en osant me défier :

— Mon cher Cambouis, je vais adapter mon langage à votre intellect. Il était une fois un gentil automobiliste très beau et très intelligent. Il avait une grande et fière voiture du nom de Mercedes à injection. Il croisa en chemin un vil manant, Cambouis, très laid et très bête, empestant l'huile frelatée à cent lieues à la ronde, et bandit réputé pour sa vulgarité dans les bois de la région. Tous les animaux de la forêt le craignaient. Y compris les putois. Le gentil automobiliste demanda à l'abject Cambouis, plus sale que jamais, de soulager de quelques maux d'infortune son brave destrier. Oncques ne vit l'ignoble Cambouis brigander le noble prince du bitume, par quelques sordides magouilles visant à ne point respecter les préceptes du Roy. Oyez! Oyez! **Article 1147 du Code civil :** des contrats et des obligations. « Le débiteur est condamné, s'il y a lieu, au paiement de dommages et intérêts, soit à raison de l'inexécution de l'obligation, soit à raison du retard dans l'exécution, toutes les fois qu'il ne justifie pas que l'inexécution provient d'une cause étrangère qui ne peut lui être imputée, encore qu'il n'y ait aucune mauvaise foi de sa part. » Saint Treignan ! Oncques ne vit le ladre Cambouis roué vif en place de Grêve, cloué au pilori, un escritoire austour du cou signifiant : « Estions coulpable ! » et marinant dans l'huile de vidange bouillante pour répondre de ses rapines. Quand il fut détaché de son martyre, Cambouis dut réparer la monture du prince et s'acquitter, bourse soulagée, de lui verser quelques ducats en dolmages et instérêts pour le laver de ses foutreries. Puis, le prince, cassette regorgeant d'or et de pierres précieuses, s'en vint, et le peuple, invectivant justement le vaurien, qui le traitant de Faquin, de Tropditeux, de Brelinglandu, de Jean le Veau, de vérole, de couilles de bélier et de moult austres comlpliments... Alors, Cambouis, elle vous plaît cette histoire ?

— (En larmes)... Étions triste, cette histoire. C'est vrai, étions coupable...

— Constatez que tout ceci est fort simple : vous n'avez point respecté votre obligation de résultat. C'est pourquoi vous allez de ce pas me rendre mes 1 300 F que vous m'avez volés.

— (En pleurs)... Ouiiiiinn... Allions vous réparer convenablement votre carrosse. Avions compris parabole du joli conte... Étions pauvres, pitié, avions à nourrir Chat Botté qui couche avec Barbe-Bleue, la cousine par alliance de la Belle au Bois Dormant. Entretenions Blanche-Neige et ses sept nains, Cendrillon et sa pantoufle... Voulions pas avoir d'ennuis avec les gens d'armes... Mon bon maître !

— (Grand Seigneur). Pardieu ! Puisque c'est ainsi, je ne porsterai pas plainste. Estimez-vous myrasculé et ne rescommancez plus jasmais cette supercherie. Par le duvet fessier d'Archimède !

Tout en respectant les limitations de vitesse, j'aime bien taquiner le champignon. Je traverse de jolis villages croquignolets aux maisons recouvertes de chaumes. Route départementale. Virolets. Dos d'âne. Vertes prairies où paissent les vaches. Pommiers. Long ruban bitumé. Arbres. Encore des villages, des vaches, des pommiers et des dos d'âne quand soudain, contre toute attente, au détour d'un virage, apparaît une gigantesque vache hollandaise en train d'assouvir un besoin naturel, fort apprécié des mouches, sur la chaussée. Tentative désespérée de freinage... Crissement angoissé des pneus... Dérapage sur bouse... Tête affolée du ruminant qui revoit le film de sa vie : premiers pas dans le pré du père Trouillard, développement du pis, Anatole son premier flirt...

Revenons à la nationale... Meuuuuu... Criiiii... Paf ! Choc frontal. Je reprends mes esprits, tel le Piccoli moyen dans les lamentables *Choses de la vie.* Flash. J'ai occi cette femelle de l'espèce bovine. L'animal gît lamentablement sur la route, la langue de travers, les yeux dans le vague, baignant dans une mare de sang mêlé de bouse.

Soudain, comme dans un brouillard, que ne désavouerait pas Arthur Rimbaud concevant le décor champêtre de son *Dormeur du val*, je perçois au loin la plainte d'un vieil homme... :

— Foutre ! Peau de couilles ! L'a estourbi ma Blanchette ! Une si bonne laitière. Mamelle d'or au dernier Comice agricole de Troufignac. Allions me le payer cher, espèce de corniaud...

— Ami bouseux, je dois effectivement reconnaître que votre Blanchette est au plus mal. Cependant, c'est vous qui n'allez pas tarder à me formuler de plates excuses car, en vertu de l'**article 1385 du Code civil :** « Le propriétaire d'un animal, ou celui qui s'en sert pendant qu'il est à son usage, est responsable du dommage que l'animal a causé, soit que l'animal fût sous sa garde, soit qu'il fût égaré ou échappé. » Vraisemblablement, feu Blanchette n'avait rien à faire sur cette route. À ce propos, je vous signale qu'un propriétaire doit réparation du préjudice causé par son animal qui aurait subitement traversé la route, provoquant une collision **(réam. 14 octobre 1964. D.1965.15).** En conséquence, je vous prierai de rembourser mon phare malencontreusement brisé sous l'effet du choc avec votre starlette agricole...

— Étions sans cœur. Aimions ma douce Blanchette. J' l'avions payée, comment vous dites, là dans la ville ? Au crédit...

— Ami plouc, j'appelle les gendarmes afin qu'ils dressent procès-verbal du désastre, dégagent et fassent nettoyer la voie. De mon côté j'irai ensuite faire changer le phare défoncé et croyez-moi que je ne manquerai pas de vous envoyer la note. Sincères condoléances !

— Allions décrocher mousqueton à chevrotines. J' va t' venger, ma Blanchette ! J' va massacrer les gars d' la ville, comme à la Saint-Barthélemy...

Pied au plancher, je continue gaiement ma route, voyant une dernière fois dans mon rétroviseur mon pécore sangloter à chaudes larmes, étendu sur le corps maculé de Blanchette. Cette scène d'amour posthume m'apitoie. Je suis quand même vache !

La circulation à Paris devient infernale. Stationnement à la va-comme-je-te-pousse, contredanses à gogo, bouchons à n'en plus finir, crise de nerfs et coursiers kamikazes, bref, *Mad Max* et *Marie-Pervenche* au quotidien. Sans oublier que trouver une place libre relève souvent de la magie (Uri Geller éprouve certains problèmes, malgré un don incontestable à tordre de la ferraille, à garer son véhicule).

Chaque jour que le bon Dieu fait, j'ai toutes les peines du monde à stationner ma Mercedes devant mon immeuble. Je suis continuellement gêné par cette maudite 2 cv du drogué du second étage, exemple perverti, s'il en est, de la décadence de la jeunesse française. J'envisage même de saisir le service d'hygiène municipal afin qu'il désinfecte la bâtisse en proie au virus du Sida mental (et du Sida tout court d'ailleurs). Ce beatnik, certainement pouilleux, défigure le trottoir avec sa poubelle garée là depuis des lustres.

Je mûris donc une action répressive.

Je frappe à la porte du traîne-savates, les manches retroussées et l'œil inquisiteur. J'en connais un qui va regretter les cigarettes de drogue à Woodstock, la musique de singe à l'île de Wight et le « rauque'n'rôle » des Biteulzes. La porte du macaque, de son vrai nom Yann Plougastel, affiche ostensiblement les états d'âme du locataire des lieux : posters « Che Guevara », « SOS-Larzac ! » et autres « Souviens-toi de Malik ! »... Une espèce de grand escogriffe « habillé » d'une chemise sale et d'un « bloue djine » élimé, arborant un sourire béat laissant apparaître quelques chicots en guise de dentition (sans doute les effets néfastes des drogues qui durent)...

— 'Jouuur, mon frère... (Léthargie profonde...

Le bougre est sans doute sous l'emprise pernicieuse d'un quelconque stupéfiant)...

— B'jour ami drogué! Dites voir... Ça sent le fromage de chèvre chez vous! C'est fait maison?

— Cool, mec! Cool...

— Cher puant, vous possédez une 2 cv rose à pois verts, garée depuis une éternité en bas de l'immeuble.

— Vouaiiiiss... J' mets mes fromages à l'intérieur... C'est pas interdiiiiiit! Gnaaaaa...

— Je ne me prononcerai pas en ce qui concerne vos pyramides nauséabondes... En revanche, selon l'**appendice R37 du Code pénal (décret n° 72-472 du 12 juin 1972)**: « Il est interdit de laisser abusivement un véhicule ou un animal en stationnement sur une route. Est considéré comme abusif le stationnement ininterrompu d'un véhicule en un même point de la voie publique ou de ses dépendances, pendant une durée excédant 7 jours ou pendant une durée inférieure mais excédant celle qui est fixée par arrêté de l'autorité investie du pouvoir de police. » C'est ainsi que j'ai préféré, avant d'en référer à la maréchaussée, vous avertir de vive voix qu'il serait préférable que vous ôtassiez de votre propre chef cette ordure de devant notre porte. En cas contraire, j'ai le regret de vous informer que vos fromages de chèvre achèveront de s'affiner à la fourrière, au grand désespoir des rats du quartier.

— Duuuur... Paumé les clés... T'es anti-jeune, toi! Gnaaa... CRS-SS... Gnaaa... Libérez Knobelspiess... T'as pas cent balles?

Emmerdez le monde, il en restera toujours quelque chose de positif. La preuve, suite à la plainte déposée au commissariat, les services de la préfecture ont embarqué l'objet du délit, réussissant du même coup un joli coup de filet. Alertés par la puanteur qui s'échappait du véhicule : les services spéciaux du déminage n'ont-ils pas découvert des pains de plastic cachés dans des fromages de chèvre, permettant l'arrestation et la décapitation du redoutable groupe terroriste BCR (Brigades Chèvres et Révolution), responsable, entre autres méfaits, de l'attentat aveugle contre le Centre National des Producteurs de Fromages de Chèvre qui causa la mort de deux innocents, dont la Noiraude, figure locale des fromagers du Limousin.

Contrairement à la plupart de mes contemporains, je voue un véritable culte à ces magnifiques sculptures urbaines que sont les parcmètres. Quel régal d'observer ces mégères toutes de bleu vêtues, coiffées d'un ridicule galurin, qui ferait davantage penser à un pot de chambre schtroumpf qu'à un digne couvre-chef, relever méticuleusement les compteurs, à l'affût du moindre dépassement horaire, fût-il d'une seule seconde. C'est alors la jouissance absolue, et, dans un élan quasi orgasmique, ces filles qui font le trottoir sans être inquiétées sortent leur carnet de papiers verts et verbalisent à qui mieux mieux...

En fait, tel un boomerang qui vous revient illico en pleine gueule, les parcmètres, orgueil du génie étatique des années 70, peuvent en fin de compte se retourner contre leur inventeur, quitte à confiner certaines employées de l'État dans une frigidité éternelle.

Pour mon compte, je considère les parcmètres et autres horodateurs, comme des instruments ayant un potentiel ludique des plus développés.

J'en veux pour preuve le régal que constitue à mes yeux le spectacle d'une pervenche paniquée, cherchant désespérément des essuie-glaces, préalablement ôtés par mes soins, afin d'accrocher sa saloperie de papier. Il est alors extrêmement plaisant de suivre du regard la contractuelle rebrousser chemin, écumant de rage, déguster la contravention qui ne connaîtra jamais son destinataire, et pour finir, chercher vainement un autre véhicule fautif afin d'assouvir sa vindicte vengeresse.

Mais il faut noter qu'il est également possible de s'amuser tout en laissant les essuie-glaces sur son automobile.

15.05.1988. 14 h 30: avenue du Président-Bourges (héros pharaonique ayant confondu à son grand dam l'audio et l'odieux-visuel). Enfilade de parcmètres.

Je gare avec peine mon engin, oublie bien évidemment de nourrir l'horrible gargouille municipale, et pars vaquer à mes occupations. Foutre! Quand je reviens une heure après, ce qui devait arriver arriva. Une immonde truie azur (Le bleu étant réservé aux viandes grillées très peu cuites. Larousse) renifle bruyamment ma « Titine ».

— Grouiiik... Grouiiik!

Enfin, la sale bête finit par lâcher un PV du plus mauvais effet, qu'elle accroche à mon pare-brise. Joie. J'exulte.

De retour à la maison, je me transforme en Madame de Sévigné de la riposte épistolaire. Mahomet est chiant, Le Pénible est son prophète (et il arrive que l'émule dépasse le maître).

Monsieur le Préfet de Police de Paris.
Préfecture de la Seine.
Ile de la Cité, Paris 4e.

Paris, le 15-05-1988

« Môssieur le Préfet de Police,
Sa Majesté, Votre Honneur,

Français de pure souche au casier judiciaire des plus vierges, ancien combattant et héros décoré de la guerre d'Algérie, je me permets par la présente d'attirer votre attention sur l'injustice flagrante dont je suis aujourd'hui la victime. Heureux propriétaire d'une petite Mercedes, je m'étais garé ce jour devant le 45, avenue du Président-Bourges, à Paris, quelques courses à effectuer m'ayant contraint à me rendre dans ce quartier.

Quelle ne fut pas ma surprise de constater à mon retour la présence d'un papillon massacrant l'esthétique de mon véhicule et, malheureusement pour votre administration, parfaitement illégal. En effet, je suis au regret de vous informer que bien des villes, dont Paris, ne respectent pas la loi. Les contraventions dressées à ceux qui ne remplissent pas les parcmètres sont parfois illégales parce qu'il manque le panneau d'interdiction de stationner réglementaire : panneau carré sur fond beige, le cercle habituel bleu et rouge et comportant dans le coin droit le dessin d'un parcmètre. Ce panneau est référencé B6-B4.

Or, ledit B6-B4 fait cruellement défaut avenue du Président-Bourges. En conséquence, je me permets de vous rappeler, Monseigneur, les principes élémentaires de l'**article 44 du Code de la route :** “Toute disposition réglementaire n'est opposable aux usagers que si les mesures correspondantes de signalisation routière ont été prises.”

Rafraîchirais-je la mémoire de Votre Bonté en lui signifiant la décision jurisprudentielle de la Cour de cassation du 26 janvier 1987 par laquelle un automobiliste s'est vu relaxer en pareil cas ?

C'est pourquoi je renvoie à Votre Seigneurie la contravention illicite en espérant que Votre Grâce Préfectorale fasse le nécessaire pour classer (et Dieu sait si les classements vous sont familiers dans l'administration !) cette triste affaire à tout jamais.

Dans cette attente, veuillez agréer, Sire, l'expression du respect du vil manant que je suis. »

ALBERT LE PÉNIBLE.

Évidemment, je n'ai plus jamais entendu parler de ce PV. Moralité : automobilistes, mes frères, prenez habitude de toujours vous garer à des places dépourvues de panneau B6-B4 et ces endroits sont encore légion.

Autre cas de figure : le panneau en question est bien présent. Il est encore une possibilité d'emmerder efficacement les représentants de l'ordre. Même scénario que précédemment. On gare sa voiture. On oublie de mettre quelques pièces dans le parcmètre, on attend un petit moment que les Marie-Pervenche fassent leur office et on obtient un PV du plus bel effet pour décorer ses toilettes. Auparavant, on se fait un petit plaisir en prenant exemple sur la jurisprudence faisant état de cet automobiliste de Saint-Étienne qui, refusant de payer une contravention pour dépassement du temps de parking autorisé, a été relaxé par le juge du tribunal de police de Saint-Étienne, le 1-06-1982, aux motifs que « les parcmètres sont des appareils de mesure qui ne sont pas assujettis au contrôle de l'État, qu'en conséquence leurs indications ne peuvent avoir aucune force probante, que le Ministère public ne peut rapporter la preuve que l'appareil fonctionnait lors du relevé de l'infraction, que le doute doit bénéficier au prévenu et qu'il convient de le relaxer».

Vous êtes toujours là? En attendant, donc, qu'une réglementation soumette obligatoirement les parcmètres au contrôle du Service des instruments de mesure, il est probable que les décisions de ce genre vont se multiplier... Qu'on se le dise, les emmerdeurs n'ont pas fini de faire suer.

Chapitre 12

INSTRUCTIF, DANS LEQUEL ALBERT SE RISQUE À UNE SÉANCE DE SPIRITISME AVEC MAÎTRE N'GALAWA TOULEKHOU TOULHADAN L'KU, OÙ POUR UNE FOIS UN MARABOUT SE FAIT PLUMER

La peste soit de ces publicités qui remplissent et polluent les boîtes aux lettres des honnêtes contribuables. Tout y passe : des multiples invitations personnelles des surgelés Paul-Émile Victor (« Quand c'est fort, c'est Paul-Émile Victor ! »), en passant par la plomberie-dépannage Maison Depasse (« Depasse ou ça casse ! ») et autres catalogues des promotions du magasin Diplodocus. Quelle plaie ! Le pire étant le racolage systématique de ces ex-manœuvres en travaux publics qui se sentent une tardive vocation de marabout héréditaire aux dons tous plus magiques les uns que les autres afin d'échapper à leur pauvre condition.

Regardez donc le mailing fraîchement reçu ce matin :

« Docteur N'Galawa Toulekhou Toulhadan L'Ku, grand médium-marabout africain Mètre en talisman bénéfiques attraction de clientaile pour vendeur complexes fisiques et morale afection retrouvée désenvoutement chansse suxès examin du sexe pour avoir de la force en amour résou tou les problème entre homme et femme réussite garanti dan tou les domaines travaux exécutés sur pentacle et extraits du Coran soigne toute sorte de maladi don de voyance héréditaire résultat garanti reçoit tous les jours de 9 heures à 20 heures cartes de crédit acceptées (Dinner's, American Express, etc...).

20, rue Coupe-Gorge. 8e étage sans ascenseur. Tu va au fond du couloir à goche, tu passe la petite passerelle, tu descends par la goutière, tu sautes par dessus la fenêtre, tu te suspends à la tringle, ti va à droite et ti vois la porte du Mètre.

75019 Paris. Métro Coupe-Gorge/les Assassins. »

Je bondis !

Courageux, j'opte pour la confrontation directe avec le « Maître » imposteur.

20, rue Coupe-Gorge. Acrobaties diverses et périlleuses. L'entrée du Maître est aisément reconnaissable à sa charogne de chat écartelé et cloué sur la porte. Je sonne, le Marabout m'apparaît dans toute sa splendeur : os dans les naseaux, babouches aux pieds, large chapeau orné de divers gris-gris (rognons de crocodiles, œil d'hippopotame, fragments de couilles d'éléphant et pattes de crapaud), le tout surplombé d'une paire de cornes de zébu. Pour compléter le tableau, le « Docteur » me reçoit torse-nu, un pagne cachant à grand-peine la partie intime de son individu. Enfin, le phénomène porte fièrement autour du cou un collier composé d'oreilles simiennes... La classe !

— Bwaaaanaaa! Moi docteu'! Moi te guéwi'! Wésultats gawantis! Tu me donnes cent fwancs et mawabou enlever tous pwoblèmes...

— Ami Mawabout, je suis venu vous consulter afin de régler un léger problème qui me gâche la vie. En effet, je suis constamment ulcéré par la tête de Paul-Loup Sulitzer, qui me provoque maux d'estomac, céphalées et autres désagréments. C'est l'ensemble des raisons pour lesquelles je vous consulte aujourd'hui. Que pouvez-vous faire pour moi ?

— Tu me donnes ton nom et cent fwancs...

— Oui, grand Maître, mais ensuite. Quelle thérapie allez-vous engager ?

— D'abo', apwès que tu m'as donné ton nom et cent fwancs, je vais faire une couckounda nawa n'a gnatebwana couic su' des ulcères de poulet pou' jeter un sow à Po' Lou Soulitze'. Wésultats gawantis. Mais il faut avant me donner cent fwancs !

— Et quel traitement envisagez-vous pour me guérir de mes maux physiques ?

— Pwésemptement, tout twaitement wéclame ton nom et, au wisque de me wépéter, cent fwancs. Ensuite, je te fewai baisser culotte, et je te badigeonnewai ton papayoulélé d'un savant mélange de sang de truie wecueilli duwant ses wègles et de bave de mamba. Apwès, il faudwa penser à une autre séance où Docteu' N' Galawa Toulekhou Toulhadan L'Ku, après avoi' pewçu cent fwancs, au wisque de pawaître bassement matéwialiste, fewa appel aux bons génies de la savane. Wésultats gawantis. Alo', j'attends ton nom et cent fwancs, au wisque de pawaîtwe...

— En premier lieu, ami cannibale, je vais te donner mon nom et, résultats garantis, tu vas t'en souvenir. Je me nomme Le Pénible Albert. En ce qui concerne les cent francs, je préfère en différer quelque peu le paiement. Car vois-tu, ami zoulou, je me pose quelques questions quant à l'authenticité de ton titre de docteur. Peux-tu me montrer ton diplôme de docteur en médecine ?

— Kougnamama ! Tu sais, dans la famille Toulekhou Toulhadan L'Ku, on est docteu' de pèwe en fils... C'est un don héwéditai' que les dieux de la bwousse nous ont conféwés.

— Excellent, brave sauvage ! Tu tombes pile sous le coup de l'**article L 378, du Code de la Santé publique (L n° 76-1288 du 31 décembre 1976)** qui précise que : « L'usurpation du titre de docteur en médecine ou en chirurgie dentaire ou du titre de sage-femme ainsi que l'usurpation de tout autre titre donnant accès en France à l'exercice de la profession de médecin, de chirurgien-dentiste ou de sage-femme sont punies des peines prévues à l'**article 259 du Code pénal**. » Ami nègre, ce n'est pas tout. **L n° 71-1026 du 24 décembre 1971 :** « Est considéré comme ayant usurpé le titre français de docteur en médecine ou en chirurgie dentaire quiconque, se livrant à l'exercice de la médecine ou de la chirurgie dentaire sans être titulaire du diplôme français d'État de docteur en médecine ou en chirurgie dentaire, fait précéder ou suivre son nom du titre de docteur sans en indiquer la nature ou sans préciser qu'il s'agit d'un titre étranger ou d'un diplôme français d'université. » Que dis-tu de tout cela ?

— ...Intwinséquement et pwésentement, mon titwe est un titwe étwanger... Je suis blanc comme neige !

— Garde tes salamalecs pour le juge... Poursuivons le massacre ! C'est un comble pour un marabout de broyer du noir. Tu affirmes, et notamment sur ta carte de visite, soigner toutes sortes de maladies. Je veux bien... Mais tu tombes une nouvelle fois sous le coup de la loi. **Code de la Santé publique, article L 375 (Ord. n° 58-1297 du 23 décembre 1958, article 1er)** : « En ce qui concerne spécialement l'exercice illégal de la médecine, les médecins, les chirurgiens-dentistes, et les sages-femmes, les conseil de l'Ordre et syndicats intéressés pourront saisir les tribunaux par voie de citation directe, donnée dans les termes de l'**article 182 du Code d'instruction criminelle**, sans préjudice de la faculté, s'il y a lieu, de se porter partie civile, dans toute poursuite intentée par le Ministère public. » Enfin, l'**article L 376** confirme que : « L'exercice illégal de la profession de médecin, de chirurgien-dentiste ou de sage-femme est puni d'une amende de 3 600 F à 30 000 F et, en cas de récidive, d'une amende de 18 000 F à 60 000 F et d'un emprisonnement de 6 jours à 6 mois, ou de l'une de ces deux peines seulement. Pourra en outre être prononcée la confiscation du matériel ayant permis l'exercice illégal. » Adieu fioles de sang de cochon, peaux de couilles et poudre de perlimpinpin...

— Oumbalawé ! Je vais modeler, pwésentement, une statuette à ton image diabolique ! Ji plantewai une g'osse aiguille dans les testicules ! Ti vas souffwi' le ma'ty'... Ti implowewa le Maît'...

— En attendant, c'est le Maître qui va trembler. Car, à propos de tes 100 F, l'**article L 365 du Code de la Santé publique** « interdit à toute personne ne remplissant pas les conditions requises pour l'exercice de la profession de recevoir, en vertu d'une convention, la totalité ou une quote-part des honoraires ou des bénéfices provenant de l'activité professionnelle d'un membre de l'une des professions régies par le présent titre, médecin, chirurgien-dentiste ou sage-femme ». De surcroît, chère Blanche-Neige, tu garantis la réussite des bienfaits que tu dispenses. Cela est on ne peut plus proscrit par la **loi nº 73-1193 du 27 décembre 1973, article 44 :** « Est interdite toute publicité comportant, sous quelque forme que ce soit, des allégations, indications ou présentations fausses ou de nature à induire en erreur, lorsque celles-ci portent sur un ou plusieurs des éléments ci-après : existence, nature, composition, qualités substantielles, teneur en principes utiles, espèce, origine, quantité, mode et date de fabrication, propriétés, prix et conditions de vente de biens ou services qui font l'objet de la publicité, conditions de leur utilisation, résultats qui peuvent être attendus de leur utilisation... »

— Bwanaaaaa ! Ungaaaa ! (cris de guerre zoulous). Gwatuitement, je vais te pwédi ton aveniw : tu sewas impouissant... tu auwas la gale et apwès le Sida... tu vas êtwe wenvoyé de ton twavail... tu sewas pauv' et délaissé de tous... tu viendwas manger dans la main du Maît'...

— Bonté divine ! Je crois que nous partageons les mêmes dons. L'avenir du Maître, sans vouloir faire à tout prix un mauvais calembour, est bien noir, car, voyez-vous, votre chapeau bicorne vous protège sans doute des esprits malins de la forêt mais ne vous épargne pas pour autant des foudres de la loi française ! Vous avez des dons de voyance héréditaires ? Dans ce cas, il semblerait que l'**article R 34 du Code pénal** ait été écrit rien que pour vous : « Seront punis d'une amende de 600 à 1 300 F inclusivement les gens qui font métier de deviner ou d'expliquer les songes. »

— Pwésentement... Y'a bon nègu'... Plantations de coton...

— Puisque le Maître a été sage, il va être récompensé d'une belle histoire. Y'en a être une fois gentil blanc Albert N'Gala Le Pénible. N'Gala Le Pénible alawé bobo la tête. N'Gala voi' vieil escroc banni de la tribu des Oumboulélé. M'bala oualé demandé la modique somme de cent ogoulalés. Empoché les N'g biftons. Tsamaoulamamé pris marteau boum boum n'gaïe! n'gaïe! Tapé sur la tête. N'Gala Le Pénible oualéna n'g porter plainte. Anabama lou flics de la savane bwala. N'g Tribunal. Ng' vieux sorcier escroc agala condamné à finir miam-miamé par tribu. Oulili oulala bon festin. N'ga moralité: l'gna grigri ne paie pas! Avec une si belle histoire, tu vas en faire des beaux rêves au cabanon. Assez ri, je vais te dénoncer...

— (N'g sanglots)... sob... sob... Moi wetouwner fai' le Ministwe dans mon pays... Ça paye mieux mais c'est moins sû'...

— Mon pauvre N'Galawa Toulekhou!

Chers lecteurs, il est une autre profession, celle-ci beaucoup plus respectable, qui a pour principe de deviner ou d'expliquer les songes : il s'agit des disciples de bon docteur Freud, les psychanalystes. Pour 300 F la séance (ou plus), ces démons plument le gogo en toute impunité. Et si on réagissait? Après tout l'**article R 34 du Code pénal** n'est pas fait que pour les chiens et les marabouts africains.

Que Paris est calme quand les perturbateurs sont mis hors d'état de nuire... Tiens, cet anar m'a quand même mis la puce à l'oreille. Ce soir, je prendrais bien Anne-Sophie...

Chapitre 14

AU COURS DUQUEL, LES MALADRESSES D'UN PHOTOGRAPHE VÉREUX SERVENT DE PRÉTEXTE AUX DIVAGATIONS POLITICO-POUJADISTES D'ALBERT LE PÉNIBLE

De grâce, ne parlez jamais politique en ma présence. Nous risquerions d'y être encore dans huit jours... J'avoue être fasciné par la conduite de la cité, pour reprendre l'étymologie exacte du mot « politique ». J'aime écouter les discours (que je conserve précieusement sur bandes magnétiques), les débats, les meetings, les haussements de ton à l'Assemblée. Rien ne me réjouit davantage que le spectacle permanent et enjoué du microcosme politique, bavures, coups de théâtre, naufrages, coups de Jarnac, états de grâce, aléas cohabitationnistes, scandales et autres « joggings » dans les jardins de l'Observatoire. Que nos ténors sont émouvants quand ils se chamaillent, tels des chiens hargneux se disputant un os pourri, afin de conquérir un pouvoir aussi bref qu'illusoire.

Je parle, je jacasse. Une vraie pipelette et j'en oublie mon récit. En parlant de noyade, j'en ai mouillé un beau voici quelque temps.

23-06-1986 : Paris estival. Chaleur étouffante. Terrasse de *Chez Pizzaïolo et Mozzarel*, célèbre restaurant italien de la butte Montmartre. Chandelles. Dîner de tourtereaux en compagnie de l'inévitable Anne-Sophie, aux accents de quelques mandolines mélancoliques : « Gondoliiiier, bambinoooo ! Gigi l'amorosooooo ! ! ! E pericoloso sporgersiiii ! ! ! »

— Il est pittoresque ton restaurant, mon Albert chéri...

— Tu sais, Anne-Sophie, si je voulais absolument t'emmener dans un endroit aussi calme et romantique, c'est parce que je voulais te dire, mon Anne-Sophie adorée... Mais avant, donne-moi ta main, et prends la mienne, mais oui, mais oui... (cf. Annie Chancel, 1963. Tous droits réservés, y compris pour l'URSS et Madagascar)... Anne-Sophie... Je t'ai...

— Halalala ! Clic-clac, merci Kooooorbak ! Allez, un petit bisou bien baveux, là, que je fixe ça sur ma pelloche pour l'éternité. Clic-clac. Vous passerez demain au magasin. Voici ma carte. À bientôt et (clin d'œil salace) bonne nuit blanche. Ha ! Ha ! Ha ! Bonjour les sommiers !

— Cher Lartigues de bas étage, vous venez bien de nous photographier ?

— Eh, ben, je veux ! Et on voit tout. Pas pour rien qu'on me surnomme (clin d'œil lubrique) « Tire qu'un coup ».

— Dans ce cas, je suis convaincu que vous n'ignorez point, cher ami tireur de coups, l'**article 368 du Code pénal :** « Sera puni d'un emprisonnement de deux mois à un ans ou d'une amende de 2 000 F à 60 000 F quiconque aura volontairement porté atteinte à l'intimité de la vie privée d'autrui en en fixant, au moyen d'un appareil quelconque, l'image sans son consentement. » En toute logique, nous sommes en droit, ma fiancée et moi-même, et nous n'allons pas nous en priver, d'aller porter plainte à votre encontre. Il est tout de même scandaleux d'être perpétuellement incommodé par des parasites qui, fiers d'appuyer sur un misérable bouton, se considèrent comme des Léonard de Vinci de la photo de vacances parce qu'ils sont parvenus à impressionner leur pellicule de quelques têtes de beaufs en « marcel » crasseux et de trois minettes en chaleur, remuant du croupion, expliquant le flou (artistique ?) du document.

— Étions dingue. Clic-clac ! Clic-clac ! Clic-clac ! Clic-clac ! Clic...

Alors que nous quittions la terrasse de *Chez Pizzaïolo et Mozzarel*, les mandolines se sont tues car le spectacle était vampirisé par les exhibitions élucubratoires du Nicephore Niepce de service. Se glissant à quatre pattes sous les tables, le forcené soulevait les jupes des clientes, immortalisant les moindres détails de leur anatomie. Puis, devant tout le monde, l'homme pris son gros zoom, et se débarrassant de son incommodant pantalon, s'enfonça l'accessoire optique dans l'arrière-train en poussant des cris de poule. « Clic-clac, merci Morbak ! Cot-cot-cot Kodak ! » C'est quand le Samu est arrivé, toutes sirènes dehors, que j'ai pris conscience de l'intérêt de la photographie : ce soir, je fixerai pour toujours les figures érotiques (de l'hélico japonais au porte-avions américain, en passant par la brouette française) qu'Anne-Sophie et votre serviteur ne manqueront pas d'exécuter...

Chapitre 15

OÙ, CONSIDÉRANT LE TRAVESTISSEMENT COMME LE SIGNE DE LA DÉCADENCE OCCIDENTALE, LE HÉROS S'ACHARNE SUR UN EMPLUMÉ ALCOOLIQUE PERSUADÉ D'INCARNER UNE CÉLÈBRE DIVA DU TOP 50

Sans être un dandy efféminé, il ne me déplaît pas de m'habiller de temps en temps, principalement pour séduire Anne-Sophie, pour en mettre plein la vue à mes employeurs ou bien encore pour susciter la jalousie de mes collègues. Je préfère folâtrer dans la soie, batifoler dans la flanelle, que suer dans l'acrylique... Question de classe. J'ai définitivement proscrit jean's et salopettes coluchiennes, symboles d'une jeunesse irrémédiablement vulgaire, pervertie et grossière.

Finalement, je fais plutôt bon genre, propre sur moi. Attentif à la qualité, je ne dédaigne pas les pantalons en côtes de velours, les pulls irlandais cent pour cent pure laine, chaussettes à losanges et mocassins bien cirés. J'insiste pour préciser que, contrairement aux jeunes pédés des Halles, j'ai une sainte horreur des caleçons, généralement peinturlurés de gais à-propos du style « Je bande pour Fernande », « Wo ist das Trou, Bite ? » et autres « Pisse and Love »... Je leur préfère nettement les bons vieux slips kangourou... Avec leur calecif de tantouzes, j'ai l'impression que ça balance autant que dans Big Ben.

Maintenant que vous savez tout sur ma conception du bon goût en matière vestimentaire, je vais vous entretenir de ma façon de lutter contre le laisser-aller, la chienlit, ce carnaval permanent que nous subissons chaque jour de la part de ces « plumes dans l' cul » qui rôdent continuellement dans certains quartiers, notamment aux Halles, à Saint-Germain-des-Prés ou encore vers Saint-Michel, célèbre plaque tournante de la drogue et de la prostitution enfantine. Moi, pour ces dégénérés, je ne vois qu'une solution : soit la peine de mort pour tout fumeur de drogue ou bien une bonne guerre bien sanglante, histoire de leur remettre les idées en place. Quand on a un calibre dans les mains, on ne pense pas à « s'éclater la tête », comme ils diraient dans leur jargon de petits cons. Des jeunes connards, ça pullule aussi dans le métro. Pas plus tard qu'avant hier, nous étions en plein Mardi-Gras, donc en pleine chienlit. Et vas-y que j' te déguise (comme s'ils n'étaient pas suffisamment ridicules les autres jours de l'année), et vas-y que j' te maquille (bonjour l'ambiance) et vas-y que j' te tripote dans les couloirs du métro (Hi ! Hi ! Hi !). Assez de ce bordel ! Votre carnaval, je le hais, et vais vous le prouver.

Mardi-Gras 1988. 23 h 55 : station de métro Châtelet. Jeune éphèbe travesti en Jeanne Mas, manifestement ivre, allongé sur le quai. Vision et senteur insoutenables.

La rame arrive à bon port. Je pénètre dans la voiture et j'observe, tel la limace en manque d'herbe, l'entité poisseuse, mèche gominée, rimel en perdition, maquillage blafard, robe noire ressemblant davantage à une éponge qu'à un vêtement féminin composé d'un corsage et d'une jupe d'un seul tenant, ramper à l'intérieur du wagon pour s'échouer sur une banquette déjà lardée de coups de couteau.

Nous sommes seuls, uniques voyageurs d'une rame quasi fantôme.

23 h 59 : à la hauteur de la station Hôtel-de-Ville. J'entame la conversation.

— Ami travesti, bonjour... Permettez-moi de me présenter. Albert Le Pénible, expert-comptable.

— Pierre-Édouard de la... Beurrk !

À ces mots, la limace vient de vomir ses crêpes de mi-carême copieusement arrosées de vodka, gin et autres boissons sirupeuses.

— Dites-moi, Pierre-Édouard de la Gerbe... Vous avez de l'argent sur vous ?

— Beuuuurk ! Fait braquer mon porte-flouze... Plus un rond... Beuuuurrrk !

— Parfait ! Mon cher Pierre-Édouard, vous vous souviendrez longtemps de ce carnaval. Rentrons dans le vif du sujet et plus précisément dans celui de l'**article 277 du Code pénal :** « Tout mendiant ou vagabond qui aura été saisi travesti d'une manière quelconque, sera puni de deux à cinq ans d'emprisonnement. » Vous conviendrez avec moi, mon cher Pierre-Édouard, que cette sanction ne s'applique pas en période de carnaval. Malheureusement, vous jouez de malchance. Ma montre semble vous être hostile car elle indique minuit et deux minutes. Nous ne sommes donc plus en période de chienlit. Les fausses Jeanne Mas dégobillantes n'ont rien à faire dans le métro. Votre place est désormais au dépôt que je vais m'empresser d'avertir. Vous restez coi ?

— Beuuu... (d'une voix soûlographique)... Toute

première fois... Tout' toute première fois... tou... touuute ! Sauvez-moi ! Johnny Johnny ! Johnny ! Beuuurk...

L'abruti déguisé entame désormais une danse barbare, melting-pot étonnant de tout ce qui se fait de plus vulgaire en matière de déhanchements suggestifs, sans oublier les repoussantes gesticulations « Hip ! Hop ! » importées à grand renfort de pub par l'odieux Sidney... Spectacle édifiant d'une jeunesse irrémédiablement aliénée par les guirlandes bon-marché du Top 50, véritable cancer de notre belle civilisation occidentale. J'accompagne mon singe en délire au poste de répression de la station Bastille, le soutenant moralement de quelques coups de pied aux fesses mémorables, et le sermonant au moyen de paroles, certes rudes, mais néanmoins hautement réparatrices :

— Avance, pédé !

Mon œuvre de salubrité publique accomplie, je regagne mon « chez-moi », non sans une certaine humidité aux coins des yeux, preuve émotionnelle de mon apitoiement en regard de cette génération perdue.

La cuite au prochain (mauvais) numéro...

Chapitre 16

OÙ L'ON EST IMPRESSIONNÉ PAR LES POUVOIRS SUPRANATURELS D'ALBERT QUI, D'UN COUP DE BAGUETTE, TRANSFORME UN MISÉRABLE MORCEAU DE PAPIER HYGIÉNIQUE EN PRÉCIEUX TITRE DE PAIEMENT

Freud a dit que l'argent (comme la drogue) « c'est de la merde ». Cependant l'histoire retient que ce bon vieux Sigmund ne dédaignait pas compter ses sous avant de s'endormir. Impulsion scato ou bien réflexe primesautier ? Telle est la question.

Contrairement à la majorité de mes concitoyens, la fatidique période des impôts ne me déplaît guère. Point de crise de larmes chez Le Pénible, encore moins de brûlures œsophagiennes ou gastriques, d'hernie hiatale, de météorisme accompagné de ballonnements abdominaux ou intestinaux. Fi de l'angoisse ! J'aime recevoir ma feuille d'impôts, à tel point que l'attente du billet doux d'acompte provisionnel est devenue pour moi insupportable. Il faudrait me voir, tournant fébrilement en rond à proximité de ma boîte à lettres, telle la bête en rut en manque de femelle, écumant dans sa cage.

Côté hobby, à l'exception de mes insectes morts, je me plais à collectionner les pièces de cinq centimes. C'est beau, une pièce de cinq centimes ! Adorable petite rondelle jaune, comportant, gravé sur le côté face, le plaisant minois de Marianne, et côté pile, un majestueux chiffre 5 orné de lauriers. Une véritable œuvre d'art ! Le visiteur impromptu débarquant chez votre serviteur serait étonné de découvrir, çà et là dans mon appartement, d'imposants sacs à patates contenant, sait-on jamais, quelque trésor du galion *Greenpeace* coulé dans le port d'Auckland, petit archipel du sud-ouest de la Nouvelle-Zélande, théâtre de célèbres ballets nautiques que le monde entier nous envie. Nenni ! Il n'en est rien, car ces sortes de poches faites de toile et ouvertes par le haut renferment d'innocentes pièces de cinq centimes, ma caverne d'Ali Baba à moi, le tout pesant son poids d'or et se comptant par milliers. Amis, festoyons ! Le temps n'est plus aux rapines et autres vilenies ! Buvons, mes frères ! Force est de régler notre dû. Compagnon percepteur, profite du peu de repos qu'il te reste car, vois-tu, au pire tu peux t'attendre... Ma prophétie relègue celle des templiers à quelque plaisant juron éructé à la fin d'un festin, entre la poire et le fromage, magnifié par l'émission buccale, et avec bruit, de gaz stomacaux (rot). J'ai fait un songe (bruitage foudre et tonnerre) :

En février, sac à patates conserveras
Avec moult gestes, ta cause défendras
Piècettes de cinq écus donneras
Ta dîme, son dû, en règleras
Ton percepteur, une attaque en aura
SOS-Médecins en trombe arrivera
Ton noble ami sauvera...

La suite, cher lecteur, tu vas découvrir.

15.02.88 : chez Monsieur le Percepteur. Jour « J », heure « H », seconde « S ».

Tiens ! Pour l'occasion, je me suis déplacé en Mercedes. Mon acompte provisionnel s'élevant à la modique somme de 20 655 francs, je transporte dans le coffre de ma voiture quelque 413 000 pièces de cinq centimes réparties dans dix sacs à patates. Un foutu problème arithmétique particulièrement encombrant ! Comme vous l'avez deviné, j'ai décidé de payer mon tiers en espèces et monnaies, comme la loi m'y autorise.

J'entre et m'inquiète de la place choisie par le maître de céans pour officier. On me désigne un guichet poussiéreux, sans âge et diablement malodorant. Derrière ledit guichet, trône un nabot boutonneux paradant dans sa blouse grise de fonctionnaire miteux, l'œil maladif, le crayon réglementaire derrière l'oreille (HB 001 de chez Borgnol & Fargon). Le tâcheron s'enquiert des raisons de ma visite :

— Voulions quoi ? Étions qui ? Devions combien ?

— Ami gratte-merde, permettez-moi de décliner mon état civil. Le Pénible Albert. Montant dû : 20 655 francs. Référence : 6231875 45299 43.

— Réglions par chèque ou en espèces ?

— En espèces...

— Parfait !

— En espèces et en piècettes de cinq centimes. J'aurais besoin d'un coup de main afin de vous apporter les dix sacs, contenant respectivement 41 300 pièces, encore dans le coffre de ma Mercedes. Merci d'avance.

— Ahhh ! Avions de l'humour, vous ! Étions bonne blague !

Invitant le laborieux à m'accompagner jusqu'au coffre arrière de mon véhicule, j'éprouve un vif plaisir à imaginer la tête que cet imbécile ne manquera pas de faire quand il sera confronté à la cruelle réalité. Horrifié, à la limite de la pamoison, le scrofuleux se révolte :

— Étions dément ! En trente ans de carrière, avions jamais vu ça. Pensions quand même pas que j'allions accepter tel bordel ?

— Hélas ! si. Mon pauvre ami... Du reste, l'**article R 30-11 du Code pénal** va achever définitivement de vous exaspérer : « Serons punis d'une amende (...) ceux qui auraient refusé de recevoir les espèces et monnaies nationales, non fausses ni altérées, selon la valeur pour laquelle elles ont cours. » En conséquence, un fonctionnaire modèle et plein d'avenir comme vous ne se mettra pas en porte-à-faux avec la loi, n'est-il pas ?

— Grrr... 5 centimes... 10... 15... Étions enfoiré (dans sa barbe)... 20 centimes... 25... 30 centimes... 35... 40 centimes... Salaud... 45... 50 centimes... Allions y passer le mois... 55... (etc.).

— Je vois, cher Pythagore rond-de-cuir, que vous avez bien du pain sur la planche. Je m'en vais vous laisser à votre basse besogne, et viendrai vous rendre une petite visite dans quelque temps. Bon courage, l'ami !

— ... 75... 80... Allions lui foutre les polyvalents au train... 85 centimes... 90...

Après une semaine, fidèle à ma promesse, je revenais, m'inquiétant de l'état de mon camarade fonctionnaire, j'eus la surprise d'assister à une scène bien pénible : une ambulance garée à la hâte sur le trottoir de la perception me porte naturellement à redouter le pire, ledit pire arrivant piteusement sur une civière, goutte-à-goutte fixé sur un bras ballant, rictus sardonique aux lèvres comme possédé par un démon, et, dans un souffle ultime, susurrant :

— ... 1 658 455 centimes... 1 658 460 centimes... 1 658 465 centimes... Étions dingue... 1 658 470 centimes... Préférions mourir... Seul, comme un chien... 1 658...

Alors que je m'informe auprès du corps médical ici présent, j'apprends avec peine que le pauvre hère est destiné à finir ses jours dans un hôpital psychiatrique appliquant les méthodes de pointe mises au point et expérimentées par le fleuron des chercheurs soviétiques : douches glacées, électrochocs à outrance, lavages de cerveau, camisole dernier cri moscovite (avec un petit élastique, là...), et le fin du fin, orgueil de la science psychiatrique au-delà de l'Oural, la lobotomie du docteur Igor Mengeleïev, chouchou de Staline, favori de Molotov (on murmure même dans les couloirs du Kremlin, qu'il serait l'inventeur du fameux cocktail explosif, l'ayant testé avec succès, au moyen d'un entonnoir, dans la boîte crânienne de ses patients qui auraient été instantanément soulagés de leurs douleurs mentales, et de toutes les autres, par la même occasion), ladite lobotomie consistant en une subtile trépanation à la tronçonneuse suivie d'un alerte arrachage du lobe frontal au moyen d'imposantes tenailles (encore et toujours une invention de ce bienfaiteur de Mengeleïev), pour finir l'opération par l'obturation de l'ouverture ainsi pratiquée avec un gros pieu pointu enfoncé à l'aide d'une lourde masse. Tout ceci étant bien évidemment pratiqué sans anesthésie, pratique de petits-bourgeois douillets et conformistes, représentant gaspillage d'argent et perte de temps.

Depuis le temps que je leur fournis de la matière première, les hautes instances de l'hôpital psychiatrique Saint-Guy pourraient avoir la courtoisie de me remercier !

Il est à remarquer que le paiement en petites monnaies est également autorisé pour tout achat effectué, de la baguette de pain au costume de vos rêves.

Comment déclarer ma flamme à mon aimée ? Dans ces cas-là, rien de tel qu'un beau bijou, attribut féminin par excellence, petit objet de parure qui, chose curieuse, les fait toutes succomber. Un conseil : si vous êtes vieux, moche, bête, mais néanmoins fortuné, offrez un diamant à l'objet de vos désirs... Le résultat n'est alors jamais long à venir : le soir même l'idylle est consommée.

Bien que je me défende d'être vieux, moche et bête, Anne-Sophie n'échappe pas à cette cruelle loi de la nature. Fort de ce constat accablant pour l'espèce humaine, ma dulcinée et moi-même nous rendons chez Chartier, place Vendôme.

Un garçon, le sourire figé, nous accueille et nous ouvre, tel le cerbère docile au service de son maître, la lourde porte de la prestigieuse échoppe. Cheveux soigneusement plaqués sur le crâne, le monocle solidement vissé à l'œil gauche, la moustache 1900, l'air hautain, vêtu d'un austère frac noir, un vendeur emprunté vient à notre rencontre. Les simagrées n'en restent pas là et le bougre, s'agenouillant tel Abélard devant Héloïse, entreprend de baiser avec application la main d'Anne-Sophie, provoquant le rougissement immédiat de son épiderme.

— Mes hommaaaages, Madââââme. Mes respects, Monsieur. Voulez-vous observer nos plus belles pièces ?

Et sans doute les plus chères...

— Enfin, Môssieur! La maison Chartier n'est pas une épicerie. Rien n'est trop beau pour parer cette jolie dame (re-baise-main, re-rougissement d'Anne-Sophie).

Je coupe court à ces ébats relevant davantage des us et coutumes d'une ethnie mondaine que de l'exercice normal de la profession de bijoutier.

— Assez de ronds de jambe, et sortez votre marchandise...

— Mais, Môssieur! La maison Chartier ne saurait donner dans le Rungis... Voici une splendide parure de diamants assez abordable: un million sept cent vingt-quatre mille huit cents francs. Hôôô, mais je vois que Mâdâme semble apprécier ce joyau (passant la parure autour du cou de ma chérie)... Hôôô... Comme ils semblent faits l'un pour l'autre... N'est-il pas, Môssieur?

— Nan... Très laid... Trop cher...

— Ho! Môssieur!

— Montrez-moi quelque chose qui soit meilleur marché...

— Dans cet ordre-là, la maison Chartier propose cette bague sertie de rubis, panachée de trois mignons petits diamants, pour la modique somme de... *(dans le creux de mon oreille)* trente-huit mille cinq cents francs.

— Nan... De mauvais goût et encore trop cher.

— Hôôô... Môssieur... Nous risquons de nous aventurer bien bas. Mais puisque tel est votre désir, voici un simple anneau plaqué-or, passe-partout, également très joli, et d'une valeur de 879 francs. Vous l'emballe-je ou bien Madame désire le porter tout de suite, ce qui permettra à Môssieur d'économiser les 47 francs 65 centimes de l'écrin...

— Pour qui me prenez-vous, misérable vendeur ? Quand Le Pénible offre un bijou à sa bien-aimée, il ne recule devant aucun sacrifice... Emballez-moi cette pièce dans son écrin... Je vais vous payer par chèque.

— Avec plaisir, Môssieur !

Ce n'est pas sans une certaine jubilation que je sors de ma poche un infâme rouleau de papier hygiénique, en déchire un beau morceau, et, sous le regard effaré de ce Rudolph Valentino de la verroterie, inscris sur la matière tendre les mentions suivantes :

1. La dénomination du chèque.

2. Le mandat pur et simple de payer une somme déterminée.

3. Le nom de celui qui doit payer (le mien).

4. L'indication du lieu où le paiement doit s'effectuer.

5. L'indication de la date et du lieu où le chèque est créé.

— 6. Ma signature.

Le dandy commence à s'échauder sérieusement :

— Môssieur !!! Vous ne pensez tout de même pas que la fameuse maison Chartier acceptera, en guise de paiement, cet ignoble bout de papier dont la vocation première est de nettoyer l'arrière-train ! J'admettrai donc, Môssieur, que vous êtes un plaisantin... Votre chèque, vous savez où vous pouvez vous le mettre ?

— Ami snob, apprenez pour votre gouverne qu'en respect du **Code de commerce (décret-loi du 30/10/1935)**, je ne suis pas obligé d'utiliser les formulaires de chèque que me fournit généreusement la banque. Pour qu'un chèque soit valable, il doit seulement comporter certaines mentions légales, mentions que je viens d'inscrire sur ce modeste chèque papier-cul. Pour le reste, n'importe quel support peut bel et bien convenir...

Perdant irrémédiablement son flegme britannique, le monocle rit jaune, se tord les moustaches, se met les doigts dans le nez, se mouche avec mon chèque, baisse culotte, et se ressaisissant, à l'effroi des autres clients présents dans le magasin (deux émirs, trois escrocs internationaux et quatre souteneurs de triste réputation ayant trempé dans des magouilles politico-financières — cf. la célèbre affaire Pucci), se rajuste, n'oubliant aucun pan de chemise et finit par engouffrer mon chèque dans sa cavité buccale pour le mâcher avec application. En un éclair, je deviens le témoin d'un drame : le monocle quitte son propriétaire, la respiration devient haletante, la face se congestionne, les membres semblent soudain secoués de tremblements, les muscles se convulsent, le souffle court, tel le marathonien au quarante et unième kilomètre, enfin, la mécanique s'emballe et c'est un pet gigantesque qui vient troubler le silence quasi-monacal de Chartier et conclure l'agonie du bougre qui s'évanouit dans la vitrine, provoquant un vacarme assourdissant. Les pompiers, arrivés à la hâte, diagnostiquent une belle occlusion intestinale (« Enfer ! Avions rarement vu un ventre dans cet état ! On dirait qu'il a bouffé du papier-cul... Ah ! Ah ! Ah ! »). Dans la panique, je prends la bague, qui désormais est officiellement celle d'Anne-Sophie, puisque la maison Chartier a aimablement accepté mon chèque, celui-ci étant à présent bien au chaud, à l'abri des malveillants.

Sortant de l'enfer, Anne-Sophie, en parfaite

ménagère prévoyante, me lance cette phrase inoubliable :

— Au fait, mon Albert, j'ai plus de papier toilettes à la maison, tu peux me faire un chèque ?...

Chapitre 17

**FRANCHEMENT PUANT,
OÙ L'ON CONSTATE
LA SENSIBILITÉ OLFACTIVE
DE NOTRE GRAND HOMME
QUI N'HÉSITE PAS À LIVRER
AUX AUTORITÉS DE LA SNCF
UN ABRUTI AUSSI BÊTE
QUE SON INFECT FROMAGE**

Une fois l'an, je rends visite à ma tante Alberte et à mon affreux neveu Adolphe, le bien nommé. Ces deux résidus de la société résident non loin d'Argenton, dans la Creuse, région sortant tout juste de l'âge de pierre pour découvrir, tel le grand bond en avant de Mao Tsé Toung, les bienfaits du moyen âge.

Aaaah, le moyen âge! Que j'aurais aimé vivre cette époque des lumières. Quoi de plus beau que d'imaginer un grand inquisiteur écorcher vif un innocent présumé coupable et vice versa, je ne sais plus. Le soir, seul devant ma cheminée, je visualise quelques scènes où l'esthétisme le dispute au tragique, où le poétique côtoie l'horrible, le tout baignant dans un univers de sang, de cris et de stupre : visions de cauchemar peuplées d'hérétiques brûlés vifs, de sorcières écartelées, de brigands subissant le supplice de l'entonnoir et contraints d'avaler quelque soixante-dix litres de vin de pays, d'étrangers pendus haut et court à des potences de fortune, livrés à la vindicte populaire dont le raffinement n'est plus à prouver de nos jours : arrachage d'organes génitaux ou des viscères ; crachats divers sur des corps mutilés et préalablement violés ; femmes adultères lapidées, le corps à moitié enterré, à coup de petits cailloux afin que le plaisir semble durer une éternité. Comment oublier l'emmurage systématique des gredins, coutume, hélas ! tombée en désuétude avec l'arrêt de la politique des grands travaux, les nombreux tranchages de mains, de pieds, d'oreilles et d'autres organes, les savants empalages, réservés aux maîtres en la matière dont le sieur Empalos le Magnifique, qui mit au point une technique d'empalage révolutionnaire à l'occasion du martyre de saint Pédos, moine homosexuel notoire, grand amateur devant l'éternel des jouvenceaux de la cour de l'époque. Le grand Empalos avait conçu et réalisé un instrument pour le moins impressionnant : une chaise sans fond, montée sur une estrade à la verticale d'une gigantesque pique de quatre mètres. Le moine, les yeux bandés, sur le haut de la machinerie posa son séant, maintenu à niveau au moyen d'un ingénieux jeu de poulies, bravant ainsi les lois de la gravitation universelle (qui, du reste, n'étaient pas encore découvertes à cette époque). C'est alors qu'Empalos le Magnifique accrocha de lourds poids aux chevilles du futur canonisé, puis, actionnant un imposant levier en bois, cette manœuvre déclenchant l'ouverture de la chaise en son milieu, projette le moine supplicié sur la pointe du pal, auparavant méticuleusement graissé et ce, à l'hilarité générale du public assistant aux réjouissances. L'histoire n'a pas retenu les cris du moinillon, ni le bruit sourd et insoutenable que provoqua la mise en contact du tendre fondement du moine Pédos avec le pieu aiguisé par les bons soins des assistants d'Empalos le Magnifique, ni les flots d'hémoglobine s'échappant à gogo des orifices ainsi agrandis. Pour en témoigner, il n'en reste qu'une relique constituée d'une soutane de bure maculée de sang, percée en son séant, et d'une paire de sandalettes, exposées en la chapelle Saint-Pédos de Troufignac.

Selon certains historiens, le moine Pédos se serait fait porter pâle le jour du jugement, mais tout ceci nous entraînerait dans un débat aussi long que stérile, reléguant le procès Barbie au rang d'amusant vidéo-clip du groupe Licence IV...

Qui dit Barbie, dit déportation, qui dit déportation sous-entend trains. Ce qui nous entraîne logiquement à la suite de ce récit, à mon imminent départ pour Argenton-sur-Creuse, via Oradour-sur-Glane.

Me voici dans le rapide Paris-Châteauroux de 8 h 48, voiture 26, compartiment non-fumeur, seconde classe, place dans le sens de la marche du train, contre la fenêtre.

Bercé par le mouvement régulier et monotone du train, je m'assoupis quelque peu, pensant à la chute de reins d'Anne-Sophie, et à la disgracieuse proéminence nasale de cette entité larvaire d'Adolphe. Mes compagnons de voyage sont plutôt plaisants : quelques messieurs tranquilles, sans doute cadres en déplacement d'affaires, plongés dans leurs dossiers, et un militaire permissionnaire, boutonneux, également très calme, trop préoccupé par la double page centrale de *Hard-Fess* pour susciter la moindre nuisance à notre encontre.

Gare de Ripaton-les-Panards. « Trois minutes d'arrêt ! » Par la fenêtre, je regarde les affiches sur le quai invitant le voyageur égaré à déguster les spécialités du cru. « Ripaton : ses pieds de porc vinaigrette, ses têtes de veau, son foie de génisse, ses tripes macérées dans le jus de rognons, sans oublier son fromage légendaire : le Carré des P'tits Amis. » À la vue de ces alléchantes suggestions gastronomiques, la nausée m'envahit, sans raison apparente. Coup de sifflet du maître ès-NCF, dans un brusque soubresaut, la machine s'emballe et le train repart. Alors, la porte du compartiment s'écarte, laissant apparaître un être repoussant venu d'ailleurs, le béret poisseux enfoncé jusqu'aux oreilles, tel cet hydrocéphale de Bourvil dont la niaiserie rivalisait avec une laideur indescriptible que seul l'objectif cruel des premiers films d'épouvantes aurait pu retranscrire fidèlement, le visage ravagé par des années d'alcoolisme, à l'instar des pitreries éthyliques de ce mulet fétide de Bourvil quand il ânonnait avec sa voix d'idiot sous-préfectoral : « L'eau féru-ru-ru, l'eau férugi-gi-gi... » Le cauchemar ne fait que commencer : la chose porte une salopette, une gibecière dont dépasse le cou tranché d'un quelconque gallinacé fraîchement exécuté, à l'image du voleur de poules aux instincts sado-zoophiliens protégeant son inavouable larcin, positivement et génialement incarné par ce crétin myxœdémateux de Bourvil dans *Viens poupoule, viens !* La créature pose ce qui lui sert de séant sur le skaï de la banquette, ainsi que son ignoble sacoche dont il extrait avec gourmandise un frugal repas. Le pire est à craindre. Nul ne bronche dans le compartiment mais les visages pâlissent brusquement quand ce fils naturel de Quasimodo et de Madame Frankenstein propose à l'assemblée un morceau de son «Carré» tout juste déballé, puant à souhait. C'est olfactivement insupportable. Fantastique tue-mouches, le «Carré» varie, sur le plan olfactif, entre le parfum d'un cadavre oublié dans un camp libanais surchauffé et l'odeur d'un livaro orphelin lâchement abandonné dans un garde-manger de la fondation Jean-Luc Lahaye. Visages gênés des cadres, impassibilité du militaire, trop absorbé par la lecture de *Lesbos et Cie*, et riposte répressive de la part de votre serviteur. Il était temps.

— Ami gibier de potence, il est des limites à ne pas dépasser, surtout lorsque le prestige gastronomique de notre pays est en jeu...

— Mais... Étions bon l' Carré... Y fleure bon l' fumier! Purifions l' trrrransit... intestinal...

— Cher analphabète, à faire passer le chanteur du groupe Indochine pour la réincarnation de Lamartine, sachez que vous sentez fort et que la loi réprime les puants de votre espèce: **Code pénal, décret du 22 mars 1942, relatif aux Chemins de fer, article 77**: «L'entrée et le séjour dans l'enceinte du Chemin de fer ou dans les dépendances de la voie ferrée sont interdits à toute personne en état d'ivresse. L'entrée des voitures est interdite à toute personne portant des armes à feu chargées, des matières qui, par leur nature, leur quantité ou l'insuffisance de leur emballage, peuvent être la source de dangers, ou d'objets qui, par leur nature, leur volume ou leur *odeur*, pourraient gêner ou incommoder les voyageurs.» En conséquence, ami nauséabond, j'exige que vous jetassiez sur-le-champ votre «Carré» assassin par la fenêtre. En cas de refus, je me verrais dans l'obligation d'en avertir les autorités ferroviaires en exercice dans ce train. Et croyez-moi, avec eux on ne badine pas!

— Comment, boudinions point ? Étions en train de m'enduire avec de l'erreur ! Si continuions à m'embêter, allions tirer sur le système des larmes ! Allez ! Allions me taper encore un gros morceau de Carré... Scrunch !

Toute patience a ses limites, et je me dois civiquement de stopper les agissements du répugnant. Je dénonce cet attentat à la puanteur au contrôleur de service qui, constatant les méfaits du « Carré » (cadres et militaire les quatre sabots en l'air, la peau blême, corollaire d'une asphyxie irrémédiablement évolutive, les gaz meurtriers se dégageant à la vitesse de l'odeur) [vitesse de l'odeur : 300 000 kilofromtons/secondes. Cf. les passionnants travaux du SCHLINGO — Services de Contrôle Hospitalier pour la Limitation et l'Interdiction des Nauséabonds et des Grosses Odeurs —, menés par le pestilentiel doc K. Landhos].

Revenons à notre sous-développé rural tendance bourvilesque qui, entre deux contrôleurs, prépare déjà son système de défense, d'une sophistication à faire rêver le gratin du barreau :

— Étions innocent, j'avions point fait le mâle... Au voleur ! Avions point torturé Jean Moulin... Mangions juste Carré les P'tits Amis...

Ce furent les derniers cris de la bête qui, le train arrivé à la gare de Saint-Jean-le-Tripoux, fut lestement débarquée pour être livrée à la maréchaussée locale afin d'y subir un interrogatoire musclé (avant de subir la baignoire pour question d'hygiène), dirigé de main de maître par l'adjudant Klaus Boucherie, dit « Nerf de bœuf », figure notoire et tortionnaire titulaire de Saint-Jean-le-Tripoux.

Encore un qui ne sera jamais en odeur de sainteté dans la région.

Il est à noter que, vu l'aspect extérieur peu engageant de l'individu, j'aurais pu être bien plus méchant en lui assénant la suite de l'**article 77** : « Peuvent être exclus des compartiments affectés au public, les personnes atteintes visiblement ou notoirement de maladie dont la contagion serait à redouter par les voyageurs. Les compartiments dans lesquels elles ont pris place sont, dès l'arrivée, soumis à la désinfection. » Je ne sais pas si mon consommateur de « Carré » avait le Sida, mais je peux en tout cas affirmer qu'il souffrait visiblement, et notoirement, de Sida mental.

Note scandaleuse des auteurs : lecteurs perspicaces, vous avez certainement remarqué dans les pages précédentes l'odieuse vérité bien dissimulée dans tout un fatras juridique. 1942, ça ne vous rappelle rien, vous ? Le Maréchal, Laval, l'Abwehr, Vichy et les lois qui y furent promulguées pour faire plaisir à un envahisseur teuton plus royaliste que le roi. Ce fameux article ci-dessus évoqué fut décrété, sous la référence n° 730, et publié au Journal Officiel de l'État français (Travail, Famille, Patrie) le 23 août 1942 par, excusez-nous du peu, Philippe Pétain. Savoir que nos us et coutumes dans le domaine ferroviaire sont issus d'un gouvernement mondialement célèbre pour son génie d'organisateur de transports en commun (cf. : le fameux rapide Drancy-Buchenwald sans arrêt, l'ineffable Auschwitz-Express, l'illustre Vel d'hiv'-Dachau-Vel d'hiv', encourageant ainsi l'installation des tout premiers tour-operators polonais tel le Treblinka Office de Tourisme).

Moralité : n'hésitez pas à rappeler à un contrôleur trop zélé la triste origine du règlement qu'il brandit avec une fierté toute empreinte de civisme exemplaire, alors que le crétin casquetté ne fait que prolonger, sous ses réprimandes, les délices de la collaboration.

Chapitre 18

OÙ, SOUS PRÉTEXTE DE RENDRE SERVICE À UN VOISIN SE DISTINGUANT PAR SA GRANDE NAÏVETÉ, LE HÉROS SE DÉCOUVRE UNE TARDIVE VOCATION D'ARSÈNE LUPIN DE LA CHOSE DÉPOSÉE

La loi est telle qu'elle peut parfois entraîner des abus. Celui qui la respecterait au pied de la lettre s'expose, tel le funambule sur son fil, à se mouvoir entre le bon droit et l'escroquerie dans ce qu'elle peut comporter de plus abject. Hier, j'ai vu un grand film qui illustre parfaitement ces propos : *Son Ordure Sérénissime (SOS) Chalier 001 — Passeport pour les mers du Sud.*

Le héros SOS Chalier 001, agent très secret et très spécial au service de Pucci-le-Terrible, le roi de la caisse noire, part au Venezuela soutirer quelques misérables bolivars aux miséreux des bidonvilles de Caracas. Mère Teresa, son ennemie héréditaire, dite Cruella, agent soviétique infiltré, d'une perversion qui n'a d'égale que la saleté repoussante de sa soutane, tente d'abattre 001 à coups de bâtons irradiés made in URSS. Après mille efforts désespérés, plusieurs milliers de coups de bâtons savamment évités, au prix du sacrifice du petit Gregorio, livré à la folie meurtrière de Mère Teresa, enterré vivant jusqu'au cou, horriblement achevé à petit feu, grignoté par des rats gros comme des chats à l'appendice hypertrophié par l'ingestion de kilotonnes de Ronron, Kitekat et autres bourratifs félins. Les rats repus et le petit Grégorio (ou ce qu'il en restait) réduit à l'état de squelette de démonstration pour carabins boutonneux en mal de notoriété mengelienne, Chalier 001 se déchaîne, sort un bazooka de combat, envoie la tête de Mère Teresa valser quelques lieues plus loin, tue son armée de mercenaires tous plus ignobles les uns que les autres, le bain de sang est effroyable. Enfin, le héros défonce la porte de la Banco del Venezuela et repart avec les économies des quelques péons du cru ainsi réduits à la pauvreté la plus pitoyable. Remercié grassement par le retors Pucci, plus préoccupé par les charmes d'une pulpeuse brune en porte-jarretelles que par les relations Est-Ouest, Chalier 001, nu comme un ver et ivre de bonheur galope sur la plage de Caracas, les bolivars voltigeant sur fond de soleil couchant. Plan de fin.

Image, ô combien émouvante, qui provoque encore aujourd'hui une intense activité lacrimale autour de mes yeux. Décidément, les productions Goran/Globulus sont des petits chefs-d'œuvre.

L'escroquerie, disais-je, aussi insupportable qu'elle puisse être sur le plan affectif, est souvent encouragée par le législateur. J'en veux pour preuve, les malheurs dont mon voisin fut récemment victime.

Monsieur Gaspard Hausser, mon voisin du dessous, avait une fuite de gaz chez lui. Constatant le danger potentiel de cette découverte, et incommodé par les mauvaises odeurs qui s'ensuivaient, Hausser décida d'émigrer le temps nécessaire à la bonne conduite des réparations qui s'imposaient. Le réparateur du gaz accouru sur les lieux, Monsieur Ernest Abil, estima avoir besoin d'une bonne semaine afin de changer la tuyauterie (« La totale, quoi ! »).

Avant de partir, Hausser vint me rendre visite à propos de cette affaire pressante :

— Cher voisin, devant m'absenter quelques jours, je m'en remets à votre amabilité. Vous connaissez les inconvénients causés par une fuite de gaz : travaux, facture exorbitante, ouvriers sales et parfois voleurs, foutoir dans l'appartement, etc. C'est pourquoi je me permets de solliciter votre mansuétude afin de garder chez vous, le temps de mon absence, les quelques biens que je souhaiterais en priorité préserver du massacre. Ainsi, accepteriez-vous de garder mon beau yucca, un guéridon Louis XIII de grande valeur, cadeau de feu ma grand-mère, ainsi qu'un splendide vase chinois de l'époque Ming qui fait la fierté de mon appartement ? Je sais, Monsieur Le Pénible, que je peux compter sur vous et que mes biens chéris seront entre de bonnes mains.

Acceptant de bonne grâce la sollicitation de Hausser, je m'engage à garder ces quelques meubles, en devenant le cerbère vigilant le temps d'une semaine. Guéridon installé dans l'entrée, vase Ming dans mon salon et yucca pour égayer quelque peu une cuisine-nécropole en mal de verdure. Finalement, ils ne sont pas mal les objets de Hausser. Surtout le vase Ming, rempli à ras-bord d'insectes morts, éclairé par en dessous, il est du plus bel effet. Quant au guéridon Louis XIII, il remplace avantageusement l'escabeau cassé la semaine dernière alors que j'espionnais ma voisine en plein délire aphrodisiaque sur son balcon, exactement situé dans l'axe visuel de la petite lucarne de ma salle de bains. Un spectacle inoubliable qui fit craquer, en plus de l'escabeau, son légitime propriétaire.

Une semaine plus tard, Hausser revient de sa villégiature forcée, l'air serein, le sourire aux lèvres, l'index encore appuyé sur ma sonnette.

— Ami bienfaiteur, cher voisin, je viens vous libérer de la lourde responsabilité que je vous confiai voici quelques jours. Je voudrais donc récupérer mon yucca, mon guéridon Louis XIII et mon magnifique objet d'art de l'époque Ming. Encore merci pour votre gentillesse...

— Cher Hausser, je vous soupçonne de faire allusion à *mon* yucca, *mon* guéridon Louis XIII et *mon* magnifique objet d'art de l'époque Ming...

— Impayable, ce Le Pénible! Ah! Ah! Ah! (rires forcés dissimulant mal une certaine inquiétude)... Z'êtes toujours le même, vous!

— Jamais, Hausser, n'ai-je trahi une propension naturelle à exercer un humour, qui, vous en conviendrez, serait très déplacé dans la situation présente. Au risque de me répéter, je suis désormais le légitime propriétaire de ces bibelots, car suivant l'**article 2279 du Code civil**: «En fait de meubles, la possession vaut titre. Néanmoins celui qui a perdu ou auquel il a été volé une chose peut la revendiquer pendant trois ans, à compter du jour de la perte ou du vol, contre celui dans les mains duquel il la trouve: sauf à celui-ci son recours contre celui duquel il la tient.» De plus, ami Hausser, il est à noter que «la bonne foi du possesseur est présumée et c'est au revendiquant de prouver la mauvaise foi du possesseur par tous les moyens possibles». Alors, bon courage, mon vieux et bonjour chez vous!

— Z'êtes un drôle de bandit, vous ! J' m'en vas porter plainte chez les poulets.

— Nenni ! Cette affaire, si affaire il y a, ne peut se traiter que sur le plan civil et ne regarde absolument pas le domaine pénal. En conséquence, il ne saurait y avoir de plainte au commissariat de police, puisqu'il ne s'agit pas d'un vol frauduleux. Je tiens à vous rappeler quand même que c'est vous qui m'avez supplié de garder vos saloperies. Je ne suis pas allé quérir ces objets chez vous. Vous me les avez apportés sur un plateau !

— J'ai l' bras long, moi. Connaissons très bien le neveu d' la concierge qu'est gardienne de l'immeuble du député Brocard. Z'allez finir les menottes aux poignets comme Jean-Pierre Léaud après qu'avions écrasé pot de fleur sur la tronche déjà passablement tordue de sa vieille voisine. La peine de mort pour les voleurs ! *(Louis Poubelles, 1988).*

— Raisonnons calmement. La loi m'a fait propriétaire de ces objets. Je constate, avec peine et étonnement, que vous me les réclamez violemment. Mais de quel droit, bon sang, m'importunez-vous de la sorte ? Avez-vous, cher Hausser, trace de factures concernant lesdits objets ?

— Non... Avions pas.

— Dans ce cas, mon jugement sera sans appel : adieu yucca, escabeau Louis XIII et vase chinetoque... Ils sont ma propriété. Maintenant, sortez de chez moi ou je porte plainte pour violation de domicile ! Vous êtes dans la mouise, mon vieux !

Hausser est de cette race de bipèdes qui, à l'image de ces ballons de baudruche, se dégonflent à la moindre pique. Le voici rebondissant sur tous les murs, évacuant bruyamment un trop-plein gastrique au plus grand malheur des tympans et des cloisons nasales alentour. Une fois atterri et calmé, Hausser rentre chez lui, ouvre ses fenêtres et hurle comme un forcené : « Puisqu'en matière de meubles, possession vaut titre, ben en v'là du titre ! »

Et voici mon distingué voisin jeter tout son mobilier du haut de son étage : table, commodes, chaises, téléviseur, gramophone, poisson rouge, aspirateur, lave-vaisselle, fer à repasser, etc.

Au risque de banaliser les happy-end qui clôturent chacun de mes récits, Hausser coule maintenant des jours heureux dans l'hôpital psychiatrique du docteur Tüvahavouhé (praticien d'origine polynésienne), célèbre pour avoir mis au point une nouvelle technique de lavage de cerveau à base de lancers de noix de coco sur la boîte crânienne du patient. Hausser n'a plus de problème de stockage de mobilier puisque Tüvahavouhé lui a gentiment alloué une chambre capitonnée, dépourvue de meuble, située au rez-de-chaussée avec vue sur les cocotiers (au cas où Hausser, dans un délire parano-schizophrénique, viendrait à se prendre pour une table de chevet et plonger dans le vide). Aux dernières nouvelles, grâce à l'efficacité de la thérapie employée par le bon docteur Tüvahavouhé, Hausser projette désormais sa personnalité sur celle d'un fer à repasser, devenant ainsi indispensable à l'entretien de l'hôpital.

Chapitre 19

OÙ, S'ACHEMINANT VERS LA FIN, L'ON S'EXCLAME DEVANT LES CHARMES DÉNUDÉS D'UNE JEUNE FEMME TROUBLANT L'ADOLESCENCE TOURMENTÉE DU JEUNE ADOLPHE, HÉROS INVOLONTAIRE DE CE CHAPITRE OÙ LA PORNOGRAPHIE LA PLUS BESTIALE LE DISPUTE AU CYNISME LE PLUS CRU

Outre le cinéma, les insectes morts et emmerder le monde, je suis également un aficionado de la littérature de science-fiction. J'adore ces monstres décrits au fil des pages, l'œil globuleux à souhait, la tentacule autant turgescente que menaçante, les pustules foisonnantes, l'intellect tragiquement atrophié par des millions d'années-lumière d'abrutissement systématique dû à une trop forte dose de visionnage des jeux intergalactiques de Guy Lux, leurs centaines de bras maigrichons gesticulant sur des ventres démesurément rebondis, bref, j'ai une profonde admiration pour ces erreurs de l'univers sans qui les *Star Treck, Buck Rodgers* et autres *Guerre des Étoiles* ne seraient que platitudes Marguerite-Durassiennes, dialogues avilissants et affligeants borborygmes du style :

— À cette époque-là, de la planète bleue, de

l'image, de l'amant, prince Glogluck ZX 22 a un sursaut de folie. Il ne sait rien de ce qui est arrivé à la planète bleue. Mais je vois qu'il m'observe, qu'il se doute de quelque chose... et bla... bla...

Et encore :

— Kirk au *Ziglotron*... Y'a un drôle de Vénusien qui m' colle au train... Bip! Bip! Pénible ce transmutateur spatio-temporel! Encore en rade...

— Ici Spock, capitaine... Crrr... Crrr... Vérifiez circuits hydro-atomiques du tri-réacteur diodique... crrr... Déconnectez condensateur à percussions lazeroïdales... crrr... Dévissez l'accélérateur de particules à biscorniaux intégrés... Mais je crois être en mesure de pouvoir vous avertir, capitaine Kirk, que vous avez sans doute oublié de presser la machtériodon « On »... À vous... crrr...

— Kirk au *Ziglotron*... crrr... Vous emmerde... Crrr... Crrr... Terminé!... Crrr...

— Capitaine, je considère notre entretien terminé... Crrr... À bientôt... Crrr... Faites gaffe, la troisième planète à gauche en partant de l'Empire galactique WC 321° 42 bis est infestée de trous noirs qui ont coûté la vie à notre courageuse mascotte, le singe vert Salador, découvert sur l'astéroïde Daltonius...

Ou bien encore, pour les fins linguistes, adeptes du langage de demain :

— Alors, prince Glogluck ZX 22, il vous plaît cet androïde à clafoutron télescopique ?

— Bx7KK! R + ^{333}%%... *** EKK^{ooo} +++!!!

— Votre remarque est pertinente, mais je voudrais tout de même vous signaler qu'il possède également une intensité dynamique zygomorphique de 3,5 bétachtrons...

— Tara^{ooo}*** tata!!! RIIu"" hiy!!$$** %0 *ff* §§§§!

— Je constate que Votre Majesté a le sens de l'humour. Topez donc là !

Quelles splendides pantalonnades ! Restons dans le domaine du pantalon et abordons calmement les virages troubles des atteintes à la pudeur.

15-07-1988 : Paris. Garde d'Adolphe, mon imbécile de petit neveu. Cadeau empoisonné de ma tante Alberte.

Garder un chiard relève habituellement de l'exploit. Quand il s'agit de cette ordure morveuse d'Adolphe, la métaphore devrait faire appel aux pires exactions des Tontons Macoutes, estourbissant à qui mieux-mieux des vieillards, des femmes enceintes, des enfants, tous se tordant de douleur aux pieds des tortionnaires hilares et ventripotents, ceux-ci se confectionnant de coquets bibelots à base d'oreilles proprement sectionnées ou des abat-jour en peaux de martyrs. N'oublions pas l'arrachage des yeux, pour le plaisir, les sévices sexuels, pour finir par l'abattage méthodique à coups de marteau des pauvres moribonds préalablement jetés dans une fosse.

Adolphe, disais-je, représente une véritable calamité qui loge actuellement sous mon toit. J'essaye vainement d'occuper cet idiot, lui proposant de saines lectures telles que *J'irai déféquer sur vos tombes* de Boris Chian, *le Vomi* de Jean-Paul Tarte, *les Malheurs de Sophie,* l'impérissable chef-d'œuvre de la comtesse de Sédur, décrivant par le menu les affres menstruelles de son héroïne. Fi, à part *Mein Kampf*, Adolphe ne s'intéresse pas à grand-chose. Il reste de longues journées à crever les yeux des chats qui rôdent dans la cour, revenant les vêtements maculés d'hémoglobine.

Comment le calmer ? Comment le décoller de la

fenêtre où il guette les pauvres félins rendus aveugles pour mieux les bombarder à coups de boules de pétanque?

19 h 25: Adolphe est toujours le nez collé à la fenêtre, en train de tripoter ses boules (de pétanque, suivez!). Soudain, la fenêtre de l'immeuble d'en face s'ouvre, vivement éclairée par le soleil couchant. Apparaît une plantureuse créature blonde d'une vingtaine d'années, absolument nue, qui, toute émoustillée à la vue du jeune Adolphe grands yeux écarquillés, débute un attouchement suggestif de la pointe de ses seins qui durcissent immédiatement. Je constate le changement d'attitude de mon neveu, abandonnant ses rêveries de Goebbels félinophobe pour consacrer toute son attention sur le manège sensuel de la troublante voisine. Celle-ci en est maintenant à explorer les doux rivages de son pubis, la bouche largement entrouverte, la langue ne laissant aucun doute sur ses intentions futures, sa main s'agitant de plus en plus vite. La fille pousse de petits cris comme si elle mourait.

Mon Adolphe est tenté de se précipiter bestialement vers elle, et, frustré, serre furieusement ses parties génitales. À sa fenêtre, la donzelle sursaute et gémit, les lèvres humides et ouvertes. Elle s'effleure les cuisses lisses qui cognent contre l'encoignure de la fenêtre. L'indécente se tortille et crie son plaisir tout en se pilonnant le canal auquel aboutit le col de l'utérus et qui s'ouvre dans la vulve. Son forfait accompli, et dans un râle à réveiller une compagnie de fonctionnaires, la belle exulte, lance un clin d'œil plein de sous-entendus à l'adresse d'Adolphe, qui n'en pouvant plus, s'offre une séance d'onanisme mémorable. C'en est assez et, remplissant un seau d'eau glacé, j'asperge ce corps aux membres malingres, disproportionnés et aux poignets endoloris, espérant une rapide accalmie. La débandade effectuée, je traverse la rue comme un beau diable et sonne au domicile de cette Lova Moor de bas étage. La vision de rêve tient ses promesses, et c'est un corps parfaitement nu, souple et d'une sensualité humide à transformer le respectable abbé Pierre en satyre des faubourgs, qui m'accueille dans ses appartements. Estampilles japonaises aux murs, objets lubriques disposés çà et là dans un séjour chauffé à blanc, petites culottes et lingeries diverses traînant négligemment par terre, bref, le décor est à l'image de l'hôtesse des lieux. L'insatiable aux tendances nymphomaniaques me provoque la première :

— Haaa... Viennnnns!!!Ouiiiii!!! hurle-t-elle tout en avançant ses mains vers ma braguette qu'elle a déjà eu le temps de baisser quand, dans un geste brusque, je saute deux mètres en retrait.

Je riposte :

— Mademoiselle, je vous serais reconnaissant de bien vouloir m'accorder quelques secondes d'attention sans roulement intempestif de l'arrière-train et sans chercher à vous en prendre continuellement à ma vertu. Voyez-vous, je n'ai personnellement rien contre votre superbe plastique que j'ai eu loisir d'apprécier voici quelques instants dans son intégralité la plus crue. Cependant, mon petit neveu Adolphe est un enfant de dix ans encore influençable, né avec une légère surdité qu'il serait dommage d'aggraver par l'encouragement à la masturbation. C'est la raison pour laquelle je me vois dans l'obligation de vous présenter l'**article 330 du Code pénal, loi du 13 mars 1863**, prévoyant que : « Toute personne qui aura commis un outrage public à la pudeur sera punie d'un emprisonnement de trois mois à deux ans, et d'une amende (L nº 56-1327 du 29 déc. 1956, art. 7 ; L nº 85-835 du 7 août 1985) de 500 à 15 000 F. » Tout ceci étant magistralement complété par : « Jugé toutefois qu'un outrage à la pudeur devient public lorsque accompli dans un lieu privé, il a pu être aperçu par un tiers, à défaut de précautions suffisantes prises par son auteur — Crim. 10 novembre 1932. DP 1933. 1.133; 14 déc. 1971, bull. Crim. nº 161, page 357. » Ceci implique que vous auriez dû faire vos cochonneries rideaux ou volets clos.

— Jamais vu un mal-baisé pareil ! Tu vas quand même pas me faire avaler que j'ai commis un attentat à la pudeur, moi qui ne faisais que me promener devant ma fenêtre pour jouir du soleil couchant...

— ... Ouais, plutôt pour jouir *au* soleil couchant ! Non seulement vous avez commis un attentat à la pudeur caractérisé, mais de plus, et c'est là que vous allez saisir toute la gravité de votre acte, vous l'avez commis sur un mineur de moins de 15 ans, ce qui vous ouvre tout naturellement les portes de l'**article 331** du même **Code pénal L nº 80-1041 du 23 décembre 1980** qui est clair comme de l'eau de roche : « Tout attentat à la pudeur commis ou tenté sans violence ni contrainte ni surprise sur la personne d'un mineur de moins de quinze ans sera puni d'un emprisonnement de trois ans à cinq ans et d'une amende de 6 000 F à 60 000 F ou de l'une de ces deux peines seulement. » Alors, soyez heureuse, et imaginez la brûlante vie sexuelle des prisons de femmes. Pour compléter ce rapide panorama des exactions que vous venez de commettre, il n'est pas impossible que vous tombiez également sous le coup d'une inculpation pour « excitation de mineur à la débauche ». Enfin, mademoiselle, je vous informe qu'il a été jugé que le spectacle de la nudité du corps humain n'a rien, en soi, qui puisse outrager une pudeur normale, même délicate, s'il ne s'accompagne pas de l'exhibition des parties sexuelles ou d'attitudes ou gestes lascifs ou obscènes. — Riom, 16 nov. 1937, cassé par Crim. 22 déc. 1965. D. 1966. 144, décidant qu'une exhibition provoquante en monokini est de nature à offenser la pudeur publique. Que la loi est donc cruelle, mademoiselle ! Car même si vous ne vous étiez pas laissée aller à la tentation des plaisirs solitaires, vous tombiez de toute façon sous le coup du Code pénal. Et Dieu sait si celui-ci manie la sévérité avec maestria. Je vous laisse méditer ma prose emmerdophile et m'en vais de ce pas rédiger une plainte en bonne et due forme dans laquelle je raconterai les moindres détails de l'affaire, ce qui ne manquera pas d'émoustiller des fonctionnaires depuis longtemps jaloux de leurs collègues de la Brigade des Mœurs. Pour une fois, ces braves messieurs auront l'occasion de lire un texte rivalisant d'érotisme avec les magazines de photos artistiques qu'ils ont pour habitude de feuilleter entre deux passages à tabac, avant de les ranger dans leurs ascétiques armoires métalliques.

Ma tirade achevée, j'observe le curieux manège d'une jeune fille soudainement saisie par la grâce. Telle Thérèse recevant la lumière divine, l'exhibitionniste joint ses deux mains en signe de prière, improvisant un *Notre paire* qui ferait tousser par son paganisme un Gainsbourg en pleine biture. Puis la candidate au tribunal canonique exécute quelques génuflexions d'un goût plus que douteux (imaginez une Bernadette Soubirous, tenant beaucoup d'une Valérie Kaprisky en nonne défroquée, les fesses à l'air, en pleine transe mystique, bénir le moindre godmichet de son logis et sanctifier ses posters appétissants devenus d'innocentes images pieuses en l'espace d'un instant).

Tout est achevé... Je claque la porte de la sacristie et, me rendant au commissariat, j'entends encore les cantiques chantés à tue-tête, nettement plus inspirés des délires vocaux des Sex-Pistols que des refrains grégoriens, ponctués d'insoutenables pets de nonne.

D'un autre côté, la surdité congénitale d'Adolphe ne fait qu'empirer, à tel point qu'il ne perçoit même plus les cris stridents des pauvres créatures sur lesquelles il approfondit ses investigations en matière de mécanique du globe oculaire des félidés de gouttières...

Chapitre 20

DANS LEQUEL, POUR FINIR EN BEAUTÉ, LE HÉROS APRÈS NOUS AVOIR FAIT PARTAGER SES GOÛTS FUNÈBRES, LIVRE UN COMBAT DANTESQUE CONTRE LA RÉSURGENCE DE L'HYDRE NAZIE AFIN DE FAIRE VALOIR SES DROITS IMMOBILIERS

Je suis fou des cimetières... Fou au point de ne consacrer exclusivement mes balades dominicales qu'à la découverte de nouveaux lieux où l'on pratique quotidiennement l'inhumation. Nostalgique, je me souviens des deux lieux de repos qui m'avaient vivement impressionné : le cimetière de chiens d'Asnières et son équivalent zoologique, celui de Picpus, où seuls les aristos ont le droit d'être digérés par les vers les plus chic de Paris.

Asnières. Fallait-il être frappé pour graver sur une pierre tombale, sous laquelle le nain Pierral pourrait aisément perfectionner ses mouvements de brasse, tel ce malade de Johnny Weismuller pataugeant dans les égouts de New York, poursuivi par un crocodile aux dents longues — dont le double non-reptilien pourrait être un Francis Bouygues désireux de racheter le palais de l'Élysée avec son locataire — dans l'impérissable chef-d'œuvre cinématographique *Tarzan contre le calife Ali Gah-Thor*, fallait-il donc être frappé, disais-je, pour sculpter dans le marbre : « À mon Fido, qui fit une dernière boulette en voulant prouver son amour à la vache Blanchette. Pauvre toutou lâchement électrocuté en sautant... la clôture électrique, oubliant dans le feu de l'action la proéminence de son appendice sexuel, lequel, au contact du fil haute-tension, déclencha un orgasme électro-jouissif du plus bel effet, entraînant la grillade instantanée de mon pauvre Fido. »

Autre tombe, autre perle d'une importance historique fondamentale :

« À Fonds-Publics, notre brave labrad'or, lâchement dévoré par un cannibale au Sommet du Burundi. Paix à tes cendres, du moins ce qu'il en reste. Christian et Yves, for ever. »

Plus loin :

« À mon pauvre Hannibal, lâchement décédé en 1981 des suites d'une perforation intestinale, due à une trop grande ingestion de cailloux composés de carbone pur cristallisé, dans le parc du palais de Bangui. Ton Valy. »

Encore plus loin, encore plus pathétique :

« À mon petit Clamart, victime d'un lâche attentat, les ignobles ayant accroché à ta queue une grenade à retardement, l'explosion ayant dispersé tes ossements à droite et à gauche, surtout à droite, par ailleurs. La pelle, s'il vous plaît. 18 juin. Charlie. »

Venons-en au dernier voyage des noblions dont la truculence n'a d'égale que la lecture de la page nécrologique du *Figaro*, plus amusante que tous les *Picsous Parade* d'Adolphe. Picpus. Première tombe, le général de La Fayette qui repose tranquillement dans sa galerie. À côté, le curieux est immanquablement surpris par la sépulture du marquis de Maure-Moilneux, mort sur le champ de bataille de Versailles, durant une orgie frénétique, mêlant la duchesse de Baizanville, syphilitique notoire, qui décima une partie de la cour en moins de temps qu'il n'en aurait fallu à une armée de sans-culottes, le vicomte de la Partouze, la baronne de Jouÿs, et le petit Prince qu'on sort parce qu'il est trop jeune.

Au bout du cimetière, se cache l'ultime demeure du comte de Mousson-les-Toilettes, incontinent notoire, inventeur de l'expression «Ça va chier!» et grand ami de Cambronne. D'après certaines versions, il aurait inspiré le mot célèbre auquel le nom dudit Cambronne est resté attaché. (À la grande puanteur dégagée par les sécrétions naturelles de Mousson-les-Toilettes, le général du dernier carré de la vieille garde bonapartiste aurait riposté par un tonitruant: «La garde meurt mais ne se rend pas.») Sur le plan architectural, le monument funéraire présente la particularité d'être sculpté par le divin Van Gogue, d'une forme reconstituant les courbes harmonieuses d'un cabinet d'aisance, incitant les oiseaux, et parfois les fossoyeurs, à perpétuer l'œuvre olfactive du comte.

Parlant de dernières demeures, il me vint à l'esprit l'image de ma propriétaire, Madame Gretta Dhordürr, veuve de Herr Doktor Helmutt Grossbën Dhordürr, dont le passé plus que douteux en fit le principal souffre-douleur des FFI qui le fusillèrent à la Libération pour s'être exclusivement approvisionné en viande chez Klaus Barbaque, l'ignoble boucher de Lyon. De son côté, Gretta eut droit à une superbe coupe skinhead avant la lettre, gracieusement offerte par une bande de joyeux figaros résistants. Pas joli-joli tout ça. Bref, fermons les yeux sur cette époque bannie, et concentrons nos forces vives sur le présent.

Je suis donc locataire rue du Faubourg-Saint-Antoine, comme j'ai eu l'occasion de vous l'expliquer à plusieurs reprises. Je me fends d'un loyer de 3500 F par mois, qui permettent à ma logeuse Gretta Dhordürr de se taper moult gigolos, des bellâtres blonds aux yeux bleus, sans doute par nostalgie de la race des seigneurs, qu'elle déniche à la terrasse de ce gigantesque club de rencontre qu'est la *Coupole*. Je ne vous raconte pas le nombre d'heures de vol que compte Gretta, faisant ainsi la pige à toutes les France Moche de l'Hexagone. Cette vieille peau, tel un proxénète-Thénardier, relève mensuellement le compteur et me somme, sous peine de représailles, de m'acquitter de ma dette envers elle. Si par malheur j'avais l'imprudence de trop différer mon règlement, Dhordürr viendrait aussitôt me rendre une petite visite, bardée de cuir, casquette SS, (souvenir de son mari), bas résilles, porte-jarretelles et fouet, (souvenir du fort de Montluc). La garce ferait claquer l'engin tout en proférant des injures à mon encontre :

— Du vas raguer ! Gochon de Franzais ! Zinon das fouet paf paf ! Das terrière tout rouche !

Sévices sexuels, bastonnades, humiliations, c'en est assez de cette tortionnaire. Je prends le maquis. Aux armes !

Bien qu'étant plutôt coquet, mon appartement présente quelques graves lacunes, dues à la date de construction de l'immeuble. Entre autres inconvénients, ma salle de bains, mes WC et ma cuisine (ou l'un des trois suffirait de toute façon) sont dépourvus d'aération donnant sur l'extérieur. Or, ayant signé mon bail bien avant le 24 décembre 1986, je suis en droit de me réclamer de la loi de 1948, ce qui n'avait pas été prévu à l'époque, Gretta ignorant totalement ces subtilités juridico-immobilières. En termes clairs, mon immeuble ayant été construit avant 1948, je peux exiger de Madame Dhordürr de diviser mon loyer par trois, ce qui ne me ferait plus qu'environ 1 166 francs. Muni de ces calculs, je me rends au domicile de Gretta. C'est une Dhordürr en petite combinaison caoutchouc noir décorée de Svastikas fluorescentes qui m'accueille sur le pas de la porte. J'entends les gémissements feutrés de son amant occasionnel et d'infortune, cruellement attaché nu sur le radiateur, son pauvre corps copieusement lacéré de coups de fouet, la tête sanguinolente renfermée dans un sac en plastique, raffinement suprême, à travers lequel l'observateur est en mesure de distinguer les yeux révulsés du petit être, qui du reste est dans un état d'érection exceptionnel.

— Z'est pourquoi ?

— Chère madame, j'ai le regret de vous informer que suivant le **décret n° 87-149 du 6 mars 1987** fixant les conditions minimales de confort et d'habitabilité auxquelles doivent répondre les locaux mis en location, toute pièce d'habitation doit être pourvue d'un ouvrant donnant à l'extérieur du bâtiment, permettant une aération et un éclairement suffisants et assurant le bon usage du logement et la conservation du bâtiment. De plus, ma pauvre Gretta...

L'amant martyr acquiesce :

— Aaaaaahhhhhh!!! Manque d'air... Étouffe! Oooooohhhh!!!

— Ma pauvre Gretta, disais-je, toute pièce de service est pourvue d'un ouvrant donnant à l'extérieur du bâtiment ou, à défaut, est équipée d'un système d'évacuation débouchant à l'extérieur du bâtiment et assurant le bon usage du logement et la conservation de ce bâtiment...

L'amant surenchérit:

— Ouuuuuuhhhh!!! Touffions! Brrrr!!! Ihhhh!

— ...Le décret stipule bien que la cuisine doit posséder un conduit d'aération de fumées en bon état. Or, comme vous le savez pertinemment, mon logement n'obéit pas à ces exigences. C'est pourquoi, je vous serais obligé de modifier mes prochaines mensualités en fonction d'un loyer 1948, c'est-à-dire calculé à partir de la surface corrigée, cette rapide opération arithmétique nous ramenant au tiers du loyer initial. Ensuite, vous ne pourrez refuser de me rembourser le trop-perçu depuis cinq ans... Bien entendu, en cas de refus de votre part, je me verrais dans l'obligation d'exiger cette réparation par voie de Justice. Toutefois, si vous deviez persister dans votre refus de coopérer, je vous réclamerais en prime, comme la loi m'y autorise, la justification au pfennig près, des charges: fuel, entretien de l'ascenseur, local poubelle, nettoyage de la cage d'escalier, etc. Je vous souhaite bien du plaisir!

— Ach so! Che fois! Das ist chantache! Nacht und Nebel! Arbeit macht frei! Du vas brendre le drain! En Bologne! Schnell!

J'ai une fois de plus justifié ma réputation d'emmerdeur... Mais je vais vous faire une confidence. On devrait plutôt m'appeler le Caméléon, car tel ce petit reptile, je m'adapte aux multiples colorations du paysage juridique, pour mieux happer avec ma longue langue gluante mes proies, sans leur laisser le temps de se débattre...

REMERCIEMENTS

Les auteurs tiennent à remercier :
Sophie Collinet ; Anne Jollet ;
Anne-Catherine Doise ;
Maître Jean-Claude Zylverstein ;
Maître Olivier Metzner ; Philippe Vandel ;
Thierry Courtaux ; François Carradec ;
Maître Baynet, sans qui cette œuvre impérissable
n'aurait pu voir le jour.

Table

AVERTISSEMENT DES AUTEURS 9

AVANT-PROPOS 11

Chapitre 1 : Où, non content de se présenter sous un mauvais jour, Le Pénible trouve spirituel d'éclabousser l'institution du mariage au grand dam de Philippine Duglandier 19

Chapitre 2 : Au cours duquel la corporation des taxis affronte l'ire anticommuniste primaire du héros, au mépris de deux bons siècles d'acquis sociaux 25

Chapitre 3 : Où l'on voit un Albert grimé en nègre, faire bouillir les restaurateurs, lesquels se sentent obligés d'en faire tout un plat 37

Chapitre 4 : Où nous assistons médusés au martyre de quelques limonadiers peu scrupuleux, odieusement torturés par un Le Pénible soucieux de passer les bars à tabac 51

Chapitre 5 : Où nous découvrons que le *Magnific Hotel* de Cochonel-Port-en-Mer, charmante petite localité morbihannaise, devient le théâtre de sanglantes échauffourées reléguant ainsi la nuit de la Saint-Barthélemy au rang de rixe pitoyable entre enfants attardés 59

Chapitre 6 : Où l'on observe effaré le héros employer des moyens extrêmes à l'encontre d'une innocente famille arménienne, certes par trop bruyante, débouchant sur un suicide collectif par défenestration, d'une violence insoutenable 73

Chapitre 7 : Où notre héros apparaît plus vicieux que jamais, fustigeant aussi bien un épicier de luxe qu'un gérant de magasin populaire, prouvant ainsi que les extrêmes finissent toujours par se rejoindre dans la douleur 93

Chapitre 8 : Au cours duquel Le Pénible s'inquiète de la dégénérescence du cinéma érotique, et où l'on assiste médusé au déclin d'un pharmacien plus intéressé par les déhanchements travoltaïdaux que par les préparations médicamenteuses 107

Chapitre 9 : Plutôt étrange, débutant par la recette du crime parfait, pour s'échouer dans le sadisme le plus cruel, obligeant un vendeur de meubles homosexuel, fin latiniste, à baisser culotte en raison d'une confusion dans la classification des arbres fruitiers 117

Chapitre 10 : Dans lequel, en pleine épidémie sidaïque, Albert Le Pénible tombe dans un racisme anti-coiffeur des plus condamnables 127

Chapitre 11 : Quasiment rabelaisien, où le héros, prenant conscience des progrès considérables apportés par l'automobile à la civilisation moderne, replonge dans les tréfonds du moyen âge afin d'inciter un garagiste hydrocéphale à se décarcasser pour sa durite 135

Chapitre 12 : Instructif, dans lequel Albert se risque à une séance de spiritisme avec Maître N'Galawa Toulekhou Toulhadan

L'Ku, où pour une fois un marabout se fait plumer 151

Chapitre 13 : Ignoble, où les inconditionnels de Tino Rossi éprouveront une certaine répulsion à la lecture des chansons fredonnées au fil de ces pages 159

Chapitre 14 : Au cours duquel les maladresses d'un photographe véreux servent de prétexte aux divagations politico-poujadistes d'Albert Le Pénible .. 165

Chapitre 15 : Où, considérant le travestissement comme le signe de la décadence occidentale, le héros s'acharne sur un emplumé alcoolique persuadé d'incarner une célèbre diva du Top 50 169

Chapitre 16 : Où l'on est impressionné par les pouvoirs supranaturels d'Albert qui, d'un coup de baguette, transforme un misérable morceau de papier hygiénique en précieux titre de paiement 173

Chapitre 17 : Franchement puant, où l'on constate la sensibilité olfactive de notre grand homme qui n'hésite pas à livrer aux autorités de la SNCF un abruti aussi bête que son infect fromage 183

Chapitre 18 : Où, sous prétexte de rendre service à un voisin se distinguant par sa grande naïveté, le héros se découvre une tardive vocation d'Arsène Lupin de la chose déposée 191

Chapitre 19 : Où, s'acheminant vers la fin, l'on s'exclame devant les charmes dénudés d'une jeune femme troublant l'adolescence tourmentée du jeune Adolphe, héros involontaire de ce chapitre où la pornographie la plus bestiale le dispute au cynisme le plus cru 197

Chapitre 20 : Dans lequel pour finir en beauté, le héros, après nous avoir fait partager ses goûts funèbres, livre un combat dantesque contre la résurgence de l'hydre nazie afin de faire valoir ses droits immobiliers . 205

REMERCIEMENTS 213

Dans Le Livre de Poche

Extraits du catalogue

P. Accoce, Dr P. Rentchnick
Ces malades qui nous gouvernent

Philippe Bouvard
Les Fous Rires des Grosses Têtes

André Breton
Anthologie de l'humour noir

Carelman
Catalogue d'objets introuvables

Pierre Daninos
Les Carnets du Major Thompson
Snobissimo
La France dans tous ses états

Raymond Devos
Sens dessus dessous

Jean-Paul Dubois
Éloge du gaucher dans un monde manchot

Claude Duneton
La Puce à l'oreille (anthologie commentée des expressions populaires)

Michèle Fitoussi
Le ras-le-bol des SuperWomen

Carlo Fruttero, Franco Lucentini
La prédominance du crétin

Paul Guth
Le Naïf aux 40 enfants
Lettres à votre fils qui en a ras-le-bol
Lettre ouverte aux futurs illettrés

Alfred Jarry
Tout Ubu

Desmond Morris
Le Singe nu

Hector Obalk, Alain Soral, Alexandre Pasche
Les Mouvements de mode expliqués aux parents

Pierre Perret
Le « nouveau » Petit Perret illustré par l'exemple
Laissez chanter le petit

L. J. Peter, R. Hull
Le Principe de Peter

Piem
Les cent meilleurs dessins

Soulas
Comment rire en poussant un cri déchirant

Composition réalisée par COMPOFAC - PARIS

IMPRIMÉ EN FRANCE PAR BRODARD ET TAUPIN
Usine de La Flèche (Sarthe).
LIBRAIRIE GÉNÉRALE FRANÇAISE - 6, rue Pierre-Sarrazin - 75006 Paris.

ISBN : 2 - 253 - 05558 - 1 ⊕ 30/6912/7